The LITTLE BLACK SONGBOOK

80s HITS

ISBN 978-1-84938-088-1

For all works contained herein:
Unauthorized copying, arranging, adapting, recording, Internet posting, public performance,
or other distribution of the music in this publication is an infringement of copyright.
Infringers are liable under the law.

Visit Hal Leonard Online at
www.halleonard.com

World headquarters, contact:
Hal Leonard
7777 West Bluemound Road
Milwaukee, WI 53213
Email: info@halleonard.com

In Europe, contact:
Hal Leonard Europe Limited
1 Red Place
London, W1K 6PL
Email: info@halleonardeurope.com

In Australia, contact:
Hal Leonard Australia Pty. Ltd.
4 Lentara Court
Cheltenham, Victoria, 3192 Australia
Email: info@halleonard.com.au

ABRACADABRA
Steve Miller Band...4

ASHES TO ASHES
David Bowie...7

BEDS ARE BURNING
Midnight Oil...10

BIRD OF PARADISE
Snowy White...16

BORDERLINE
Madonna...13

THE BOY IN THE BUBBLE
Paul Simon...18

BROTHERS IN ARMS
Dire Straits...20

CALL ME
Blondie...22

CENTERFOLD
The J.Geils Band...25

CHRISTINE
Siouxsie & The Banshees...28

COMING AROUND AGAIN
Carly Simon...30

COULD YOU BE LOVED
Bob Marley & The Wailers...32

CRAZY CRAZY NIGHTS
Kiss...34

DANCE HALL DAYS
Wang Chung...36

DON'T DREAM IT'S OVER
Crowded House...38

DON'T TURN AROUND
Aswad...41

DON'T YOU (FORGET ABOUT ME)
Simple Minds...44

DRIVE
The Cars...46

EASY LOVER
Philip Bailey & Phil Collins...48

ENGLISHMAN IN NEW YORK
Sting...52

EVERYWHERE
Fleetwood Mac...54

EYE OF THE TIGER
Survivor...57

FADE TO GREY
Visage...60

GHOST TOWN
The Specials...62

GIMME ALL YOUR LOVIN'
ZZ Top...64

A GOOD HEART
Feargal Sharkey...66

GOODY TWO SHOES
Adam Ant...69

HEAVEN IS A PLACE ON EARTH
Belinda Carlisle...72

**HEAVEN KNOWS
I'M MISERABLE NOW**
The Smiths...75

HYSTERIA
Def Leppard...78

**I GUESS THAT'S WHY
THEY CALL IT THE BLUES**
Elton John...81

I LOVE ROCK 'N' ROLL
Joan Jett & The Blackhearts...84

I WANT TO WAKE UP WITH YOU
Boris Gardiner...86

**I WON'T LET THE SUN
GO DOWN ON ME**
Nik Kershaw...88

IN BETWEEN DAYS
The Cure...90

IT'S MY LIFE
Talk Talk...92

(JUST LIKE) STARTING OVER
John Lennon...94

KARMA CHAMELEON
Culture Club...96

LAY ALL YOUR LOVE ON ME
ABBA...99

LIVIN' ON A PRAYER
Bon Jovi...102

LOVE WILL TEAR US APART
Joy Division...104

MAD WORLD
Tears For Fears...106

THE MODEL
Kraftwerk...108

MOVE CLOSER
Phyllis Nelson...110

NO MORE LONELY NIGHTS
Paul McCartney...112

OH YEAH
Roxy Music...114

ONCE IN A LIFETIME
Talking Heads...117

ONE IN TEN
UB40...120

A PAIR OF BROWN EYES
The Pogues...123

PASS THE DUTCHIE
Musical Youth...134

PRIDE (IN THE NAME OF LOVE)
U2...126

PURE
The Lightning Seeds...128

PURPLE RAIN
Prince & The Revolution...130

REAL GONE KID
Deacon Blue...132

REBEL YELL
Billy Idol...137

RELAX
Frankie Goes To Hollywood...140

ROCK THE CASBAH
The Clash...144

SELF CONTROL
Laura Branigan...147

SHE BANGS THE DRUMS
The Stone Roses...150

SHE'S IN PARTIES
Bauhaus...152

STRAY CAT STRUT
The Stray Cats...154

SUMMER OF '69
Bryan Adams...156

THE SUN ALWAYS SHINES ON TV
A-ha...158

TAKE MY BREATH AWAY
Berlin...164

THIS OLE HOUSE
Shakin' Stevens...166

THORN IN MY SIDE
Eurythmics...161

THRILLER
Michael Jackson...168

TIME AFTER TIME
Cyndi Lauper...172

TOWN CALLED MALICE
The Jam...174

TRUE
Spandau Ballet...177

WALK LIKE AN EGYPTIAN
The Bangles...184

WE CARE A LOT
Faith No More...180

(YOU GOTTA) FIGHT FOR YOUR RIGHT (TO PARTY!)
The Beastie Boys...182

YOU SHOOK ME ALL NIGHT LONG
AC/DC...187

YOU WIN AGAIN
The Bee Gees...190

Abracadabra

Words & Music by Steve Miller

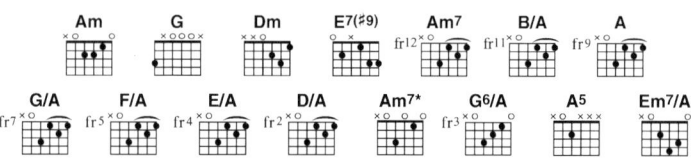

Tune guitar slightly sharp

Intro ‖: Am | Am | Am G | Am G Am :‖

Verse 1
    Am   Dm
    I heat up, I can't cool down,
E7(♯9)   Am
  You've got me spinning a - round and round.
                 Dm
Round and round, and round it goes,
E7(♯9)   Am
  Where it stops, nobody knows.
              Dm
Every time you call my name,
E7(♯9)   Am
  I heat up like a burning flame,
              Dm
Burning flame, full of desire,
E7(♯9)
  Kiss me baby, let the fire get higher.

Chorus 1
       Am   Dm   E7(♯9)   Am
  A - bra - abraca - dabra,   I wanna reach out and grab ya.
         Dm E7(♯9)   Am
Abra - abraca - dabra,   Abracada - bra.

© Copyright 1982 Sailor Music, USA.
Windswept Music (London) Limited.
All Rights Reserved. International Copyright Secured.

Verse 2

        Dm
You make me hot, you make me sigh,
E7(♯9)   **Am**
 You make me laugh, you make me cry,
       Dm
Keep me burning for your love,
E7(♯9)   **Am**
 With the touch of a velvet glove.

Chorus 2 As Chorus 1

Verse 3

       Dm
I feel the magic in your caress,
E7(♯9)   **Am**
 I feel magic when I touch your dress,
      Dm
Silk and satin, leather and lace,
E7(♯9)   **Am**
 Black panties with an angel's face.
      Dm
I see magic in your eyes,
E7(♯9)   **Am**
 I hear the magic in your sighs.
         Dm
Just when I think I'm gonna get away,
E7(♯9)   **Am**
 I hear those words that you always say.

Chorus 3 As Chorus 1

Verse 4

      Dm
Every time you call my name,
E7(♯9)   **Am**
 I heat up like a burning flame,
      Dm
Burning flame, full of desire,
E7(♯9)
 Kiss me baby, let the fire get higher... yeah-yeah.

Instrumental ‖: Am | Dm | E⁷⁽♯⁹⁾ | Am :‖
| Am | Dm | E⁷⁽♯⁹⁾ | E⁷⁽♯⁹⁾ | E⁷⁽♯⁹⁾ |
| E⁷⁽♯⁹⁾ | Am | Am | Am G | Am G Am ‖

Outro
Am
I heat up, I can't cool down,
                    G Am G Am
My situation goes round and round.

I heat up, I can't cool down,
                    G Am G Am
My situation goes round and round.

I heat up, I can't cool down,
                    G Am G Am
My situation goes round and round.

Am⁷	B/A	A	G/A
F/A	E/A	D/A	Am⁷*
G⁶/A	Am	D/A	E/A
F/A	G/A	A	G/A
F/A	E/A	D/A	Am⁷*	G⁶
‖: A⁵ Am Em⁷/A | A⁵ Em⁷/A Am :‖ *Play 16 times*

| Am ‖ *Fade*

Ashes To Ashes

Words & Music by David Bowie

Am G Dm Em7 C
D F Em E/G♯ A E

Capo first fret

Intro   ‖: Am | G | Dm :‖ *(x5)* Am ‖

Verse 1
    G
    Do you remember a guy that's been,
Em7
In such an early song?
  C
  I've heard a rumour from Ground Control,
D
Oh no, don't say it's true.
F
  They got a message from the Action Man:
C   **Em**   **F**
"I'm happy, hope you're happy too.
                  G
I've loved all I've needed love,
      E/G♯
Sordid details following".

Verse 2
  A
  The shrieking of nothing is killing,
     E
Just   pictures of Jap girls in synthesis and I,
G   **D**
  Ain't got no money and I ain't got no hair.
F   **C**   **Em**
  But I'm hoping to kick but the planet it's glowing.

© Copyright 1980 Tintoretto Music/RZO Music Limited (84%)/
EMI Music Publishing Limited (16%).
All Rights Reserved. International Copyright Secured.

Chorus 1

     F   G
Ashes to ashes, funk to funky,
C   Am
We know Major Tom's a junkie,
F   G
Strung out in heaven's high,
           Am   G   Dm
Hitting an all-time low.

Link 1

                                  Play 4 times

‖: Am | G | Dm   :‖ Am   ‖

Verse 3

G
Time and again I tell myself,
Em7
   I'll stay clean tonight,
C
   But the little green wheels,
                 D
Are following me, _____

Oh no, not again.
F
   I'm stuck with a valuable friend:
C   Em   F
"I'm happy, hope you're happy too?"
                  G   E/G♯
One flash of light but no smoking pistol.

Verse 4

A
   I've never done good things,
E
   I've never done bad things,
G   D
   I never did anything out of the blue, woh-o-oh.
F
   Want an axe to break the ice,
C   Em
Wanna come down right now.

Chorus 2   As Chorus 1

Link 2 | Am | G   ‖

Outro

    Dm   Am
My mother said to get things done,
        G   Dm
You'd better not mess with Major Tom.
  Am   G
My mother said to get things done,
        Dm   Am
You'd better not mess with Major Tom.
G   Dm
My mother said to get things done,
        Am   G
You'd better not mess with Major Tom.
  Dm   Am
My mother said to get things done,
        G   Dm
You'd better not mess with Major Tom.

| Am | G | Dm | Am | G | Dm |
| Am | G | Dm | Am | ‖ *To fade* |

Beds Are Burning

Words & Music by Peter Garrett, Robert Hirst & James Moginie

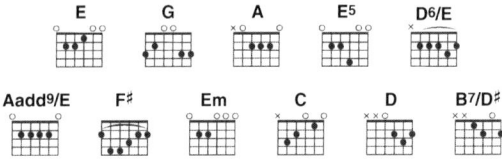

Tune guitar slightly sharp

Intro | N.C. E G | A   (N.C.) | N.C. | E5 | E5 |

Verse 1
     E5
    Out where the river broke,

The bloodwood and the desert oak,

Holden wrecks and boiling diesels,

Steam in forty five degrees.

Pre-chorus 1
    E
The time has come,
  D6/E
To say fair's fair,
  Aadd9/E
To pay the rent,
  E5
To pay our share.
  E
The time has come,
  D6/E
A fact's a fact,
  Aadd9/E
It belongs to them,
  F♯   **E G A (N.C.)**
Let's give it back.

© Copyright 1988 Sprint Music.
Sony/ATV Music Publishing(UK) Limited.
All Rights Reserved. International Copyright Secured.

Chorus 1

    Em   **C**   **G**
How can we dance when our earth is turning?
    Em   **C**   **D**   **B7/D♯**
How do we sleep while our beds are burning?
    Em   **C**   **G**
How can we dance when our earth is turning?
    Em   **C**   **D**
How do we sleep while our beds are burning?

      Em
The time has come,

C
To say fair's fair,

G
To pay the rent now,

D
To pay our share.

Instrumental | **E5** | **E5** | **E5** | **E5** |

Verse 2

E5
Four wheels scare the cockatoos,

From Kintore East to Yuendemu,

The western desert lives and breathes,

In forty five degrees.

Pre-chorus 2

  E
The time has come,
  D6/E
To say fair's fair,
  Aadd9/E
To pay the rent,
  E5
To pay our share.
  E
The time has come,
  D6/E
A fact's a fact,
  Aadd9/E
It belongs to them,
    N.C.   **E G A (N.C.)**
Let's give it back.

Chorus 2

Em	C	G

How can we dance when our earth is turning?

Em	C	D	B7/D#

How do we sleep while our beds are burning?

Em	C	G

How can we dance when our earth is turning?

Em	C	D

How do we sleep while our beds are burning?

 Em
The time has come,
 C
To say fair's fair,
 G
To pay the rent now,
D
To pay our share.
 Em
The time has come,
 C
A fact's a fact,
 G
It belongs to them,
 D
We're gonna give it back.

Chorus 3

Em	C	G

How can we dance when our earth is turning?

Em	C	D

How do we sleep when our beds are burning?

Outro | Em | C | G | D | Em | C | G | D |

| D | E G A | N.C. | E G A ||

Borderline

Words & Music by Reggie Lucas

Chord diagrams: A/C♯, F♯7/A♯, Bm7, A, E/G♯, Em7, D/F♯, D/A, C, G/B, D, B7/D♯, F♯m7, Gmaj7, G/A, Asus4

Intro
| A/C♯ | F♯7/A♯ | Bm7 A E/G♯ |
| Em7 D/F♯ | D/A A A ‖
‖: D | C G/B D | C G/B :‖ *Play 4 times*

Intro

D   C   G/B D C
Something in the way you love me won't let me be,
G/B   D
 I don't want to be your prisoner,
 C   G/B D C
So baby won't you set me free?
G/B D
 Stop playing with my heart,
 C   G/B
Finish what you start,
 D   C
When you make my love come down.
G/B D
 If you want me let me know,
 C   G/B
Baby let it show,
 D
Honey don't you fool around.

Prechorus 1
 Bm7 B7/D♯ Em7
 Just try to understand,
   A/C♯ F♯m7
I've given all I can,
   Gmaj7   G/A A Asus4
'Cause you got the best of me.

© 1983 BMG Music Publishing Limited.
Universal Music Publishing MGB Limited.
All Rights in Germany Administered by Musik Edition Discoton GmbH
(A Division of Universal Music Publishing Group).
All Rights Reserved. International Copyright Secured.

Chorus 1
           A A/C♯   F♯7/A♯
           Borderline,
                    Bm7   A   E/G♯
           Feels like I'm going to lose my mind.
                  Em7   D/F♯   D/A A   D/A A
           You just keep on pushing my love over the bor - derline.
           A/C♯   F♯7/A♯
           Borderline,
                    Bm7   A   E/G♯
           Feels like I'm going to lose my mind.
                  Em7   D/F♯   D/A A   D/A A
           You just keep on pushing my love over the bor - derline.
           A/C♯   F♯7/A♯
           Keep on pushing me baby,
                    Bm7   A   E/G♯
           Don't you know you drive me crazy?
                  Em7   D/F♯   D/A A   D/A A
           You just keep on pushing my love over the bor - derline.

Instrumental ||: D | C G/B | D | C G/B :||

Verse 2
           D   C   G/B   D C
           Something in your eyes is making such a fool of me,
           G/B   D
             When you hold me in your arms,
             C   G/B   D C
           You love me 'til I just can't see.
           G/B   D
             But then you let me down,
            C   G/B
           When I look around,
           D   C
           Baby you just can't be found.
           G/B   D
             Stop driving me away,
           C   G/B
           I just wanna stay,
                D
           There's something I just got to say:

Prechorus 2   As Prechorus 1

Chorus 2   As Chorus 1

Chorus 3
|:   **A/C♯**   **F♯7/A♯**   **Bm7**
    Look what your love has done to me,
        A   **E/G♯**
Come on baby set me free,
      Em7   **D/F♯**   **D/A A**   **D/A A**
You just keep on pushing my love over the bor - derline.
A/C♯   **F♯7/A♯**
  You cause me so much pain,
             Bm7
I think I'm going insane,
           A   **E/G♯**
What does it take to make you see?
      Em7   **D/F♯**   **D/A A**   **D/A A**
You just keep on pushing my love over the bor - derline. :|

Repeat to fade w/ad lib vocals

Bird Of Paradise

Words & Music by Snowy White

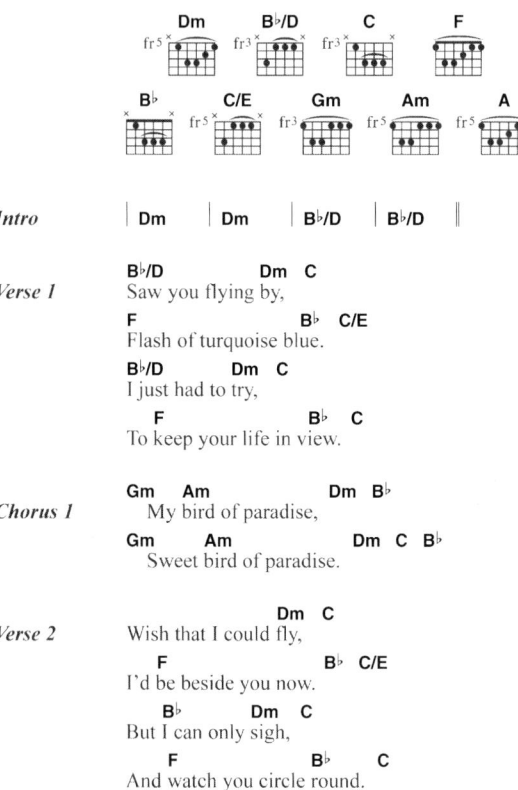

Intro | Dm | Dm | B♭/D | B♭/D ‖

Verse 1
B♭/D   Dm C
Saw you flying by,
F   B♭ C/E
Flash of turquoise blue.
B♭/D   Dm C
I just had to try,
   F   B♭ C
To keep your life in view.

Chorus 1
  Gm Am   Dm B♭
   My bird of paradise,
  Gm Am   Dm C B♭
   Sweet bird of paradise.

Verse 2
                Dm C
Wish that I could fly,
   F   B♭ C/E
I'd be beside you now.
  B♭   Dm C
But I can only sigh,
   F   B♭ C
And watch you circle round.

© Copyright 1983 Campbell Connelly & Company Limited.
All Rights Reserved. International Copyright Secured.

Chorus 2
      Gm Am   Dm B♭
      My bird of paradise,

      Gm   Am   Dm B♭
      Sweet bird of paradise.

      Gm Am   Dm B♭
      My bird of paradise,

      Gm   A   B♭   C
      Sweet bird of para - dise,

      B♭   C   Dm
      My bird of para - dise.

Guitar solo 1   ‖: **B♭** | **C** | **Dm** | **Dm** :‖ *Play 3 times*

                     | **B♭** | **C** | **Dm** | **B♭/D** ‖

Verse 3
      B♭   **Dm C**
      So you fly a - way,

            F   **B♭**   **C/E**
      When will you come a - gain?

      B♭/D   **Dm C**
      So I can watch you play,

      F   **B♭ C**
      In the pouring rain.

Chorus 3
      Gm Am   Dm B♭
      My bird of paradise,

      Gm   Am   Dm B♭
      Sweet bird of paradise.

      Gm Am   Dm B♭
      My bird of paradise,

      Gm   A   B♭   C
      Sweet bird of para - dise,

      B♭   C   Dm
      My bird of para - dise.

Guitar solo 2   ‖: **B♭** | **C** | **Dm** | **Dm** :‖ *Play 6 times to fade*

The Boy In The Bubble

Words by Paul Simon
Music by Paul Simon & Forere Motloheloa

A   C   D   G

Intro   ‖: A | A C D | A C D C | D C D :‖ *Play 4 times*

Verse 1
```
          A                  C D
It was a slow day and the sun was beating,
       A       C    D      C D    C
On the soldiers by the side of the road.
D         A
   There was a bright light,
          C D
A shattering of shop windows,
       A       C D
The bomb in the baby carriage,
C  D     C    D
Was wired to the radio.
```

Chorus 1
```
     G                          C  D
        These are the days of miracle and wonder,
     G      C  D   C   D        C D
        This is the long dis - tance call.
     G                        C   D
        The way the camera follows us in slo-mo,
     G    C    D    C    D   C D
        The way we look to us   all.
     G                          C D
        The way we look to a distant constel - lation,
          G   C D    C    D   C D
     That's dying in a corner of the sky.
     G                      C   D
        These are the days of miracle and wonder,
     G   C   D    C    D    C   D
     And don't cry baby, don't cry, don't cry.
```

Link   ‖: A | A C D | A C D C | D C D :‖

© Copyright 1986 Paul Simon (BMI).
All Rights Reserved. International Copyright Secured.

Verse 2

        A   **C**   **D**
It was a dry wind and it swept across the desert,
      A   **C**   **D**   **C D**   **C D**
And it curled into the circle of birth.
      A   **C**   **D**
And the dead sand falling on the children,
    A   **C**   **D**
The mothers and the fathers,
C   **D C**   **D**
And the automatic earth.

Chorus 2   As Chorus 1

Solo   ‖: A | A C D | A C D C | D C D :‖

Verse 3

      A   **C**   **D**
It's a turn-around jump shot, it's everybody jump start,
    A   **C**   **D**   **C D**   **C**   **D**
It's every generation throws a   hero up the pop charts.
A   **C D**
Medicine is magical and magical is   art,
        A   **C D**
Think of the boy in the bubble,
C   **D**   **C**   **D**
And the baby with the baboon heart.

Chorus 3

             G   **C**   **D**
And I believe these are the days of lasers in the jungle,
G   **C**   **D**   **C**   **D**   **C D**
Lasers in the jungle somewhere.
G   **C** **D**
   Staccato signals of constant information,
   G   **C D**   **C**   **D**
A loose affiliation of millionaires,
C   **D**   **C**   **D**
   And billionaires and baby…

Chorus 4   As Chorus 1

Outro   ‖: G | G C D | G C D C | D C D C :‖   *Repeat to fade*

Brothers In Arms

Words & Music by Mark Knopfler

Em C Am D G Gsus⁴ Bm Dsus⁴

Capo fourth fret

Intro (Keyboards and effects)

| Em C | Am C | Em C | Am | Em ||

Verse 1
      (D)   C   D   G   Gsus⁴ G
These mist-covered mountains are home now for me,
    Bm   Em   Bm   C   Dsus⁴
But my home is the lowlands and always will be.
    D   Em Bm   C   Am Dsus⁴
Some day you'll return to   your valleys and your farms,
      D   Em   C   Dsus⁴ D
And you'll no longer burn to be brothers in arms.

Link | Em C | Am C | Em C | Am | Em ||

Verse 2
       (D)   C   D   G   Gsus⁴ G
Through these fields of destruction, baptisms of fire,
  Bm   Em   Bm   C   Dsus⁴
I've witnessed your suffering as the battle raged higher.
    D   Em Bm   C   Am Dsus⁴
And though they did hurt me so bad   in the fear and alarm,
    D   Em   C   Dsus⁴ D
You did not desert me, my brothers in arms.

Link | Em C | Am C | Em C | Am | Em ||

© Copyright 1985 Straitjacket Songs Limited.
All Rights Reserved. International Copyright Secured.

Bridge

```
      Em           D              Em
   There's so many different worlds,
D     G           C      Dsus⁴
   So many different suns,
        D             Em
And we have just one world,
D        G             C
   But we live in different ones.
```

Solo 1

| Em C | Am C | Em C | Am |

| Em C | Am C D | Em C | Am | Em ||

Verse 3

```
            D         C    D                   G    Gsus⁴  G
Now the sun's gone to hell,   and the moon's riding high.
        Bm           Em  Bm               C    Dsus⁴
Let me bid you farewell,      every man has to die.
            D              Em  Bm              C    Am   Dsus⁴
But it's written in the star-light,  in every line in your palm,
            D            Em          C     Dsus⁴  D
We're fools to make war on our brothers in arms.
```

Solo 2

||: Em C | Am C | Em C | Am |

| Em C | Am C D | Em C | Am :|| *Play 4 times then fade*

Call Me

Words & Music by Giorgio Moroder & Deborah Harry

Chord diagrams: Dm, G, F, C, B♭, A, Em, Bm

Intro   ‖: Dm | Dm G F | Dm | Dm F C :‖

Verse 1
Dm
Colour me your colour, baby,
B♭
Colour me your car.
Dm
Colour me your colour, darling,
B♭
I know who you are.
G   A
Come up off your colour chart,
G   A
I know where you're coming from.

Chorus 1
       Dm   F
Call me (call me) on the line,
       G   B♭
Call me, call me any, anytime.
       Dm   F
Call me, (call me) my love,
       G   B♭
You can call me any day or night,
Dm
Call me.

Link 1 | (Dm) | Dm G F | Dm | Dm F C ‖

Verse 2   **Dm**
Cover me with kisses, baby,
B♭
Cover me with love.
Dm
Roll me in designer sheets,
  B♭
I'll never get enough.
   G   **A**
Emotions come, I don't know why,
G   **A**
Cover up love's alibi.

Chorus 2   **Dm**   **F**
Call me (call me) on the line,
     G   **B♭**
Call me, call me any, anytime.
    Dm   **F**
Call me, (call me) oh, my love,
         G   **B♭**
When you're ready we can share the wine,
   Dm
Call me.

Link 2 | (Dm) | Dm G F | Em | Em A G ‖

Bridge   **Em**   **Bm**
Ooh, he speaks the languages of love,
Em   **Bm**
Ooh, amore, chiamami, chiamami,
F   **C**
Ooh, appelle-moi mon cherie, appelle-moi.
    Dm   **B♭**
Anytime, anyplace, anywhere, any way.
   G   **A**
Anytime, anyplace, anywhere, any day.

Instrumental ‖: Em | Em | Bm | Bm :‖

| F | F | C | C |
| Dm | Dm | B♭ | B♭ A |
| G | G | A | ‖

	A C Dm F

Chorus 3

     A C   **Dm**   **F**
Call me, (call me) my love,
       G   **B♭**
Call me, call me any, anytime.
  Dm   **F**
Call me (call me) for a ride,
    G   **B♭**
Call me, call me for some overtime.
  Dm   **F**
Call me, (call me) my love,
    G   **B♭**
Call me, call me in a sweet design.
  Dm   **F**
Call me, (call me) call me,
    G   **B♭**
For your lover's lover's alibi.
  Dm   **F**
Call me (call me) on the line,
    G   **B♭**
Call me, call me any, anytime.
  Dm   **F**
Call me, (call me) oh,
  G   **B♭**
Call me, ooh.   *To fade*

Centerfold

Words & Music by Seth Justman

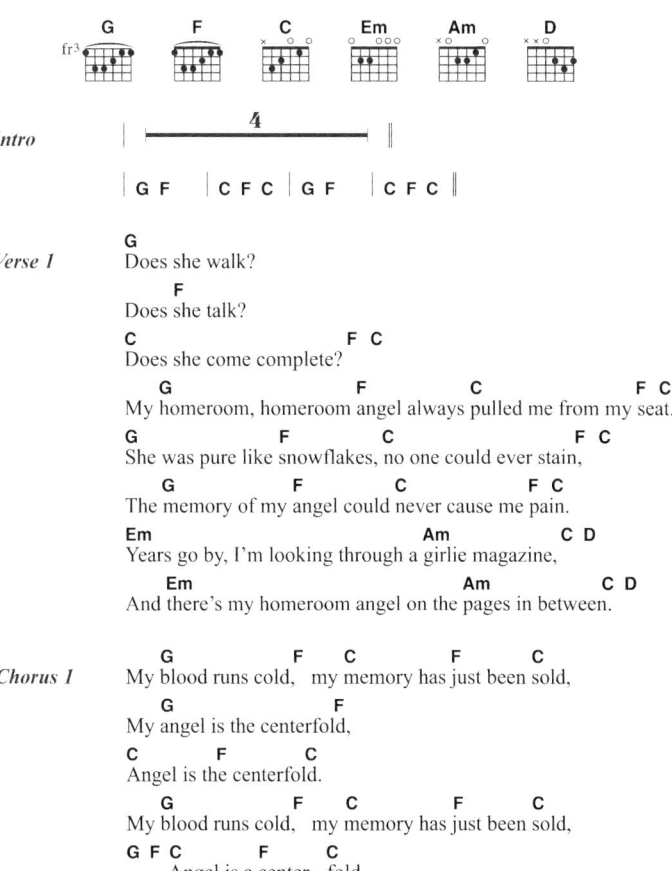

Intro
| G F | C F C | G F | C F C ||

Verse 1
```
       G
       Does she walk?
            F
       Does she talk?
       C                    F C
       Does she come complete?
         G           F          C               F  C
       My homeroom, homeroom angel always pulled me from my seat.
         G          F          C             F  C
       She was pure like snowflakes, no one could ever stain,
            G           F         C             F  C
       The memory of my angel could never cause me pain.
       Em                      Am            C D
       Years go by, I'm looking through a girlie magazine,
          Em                         Am            C D
       And there's my homeroom angel on the pages in between.
```

Chorus 1
```
            G          F   C       F        C
       My blood runs cold,  my memory has just been sold,
            G           F
       My angel is the centerfold,
       C          F
       Angel is the centerfold.
            G          F   C       F        C
       My blood runs cold,  my memory has just been sold,
       G F C     F         C
         Angel is a center - fold.
```

Verse 2

    G   **F**
    Slipping notes, under the desk,
     C   **F** **C**
    While I was thinking about her dress,
    G   **F**   **C**   **F C**
    I was shy, I turned away, be - fore she caught my eye,
    G   **F**   **C**   **F** **C**
    I was shaking in my shoes when - ever she flashed those baby blues.
    G   **F**   **C**   **F C**
    Something had a hold on me when Angel passed close by,
     Em   **Am**   **C D**
    Those soft fuzzy sweaters, too magical to touch,
     Em   **Am**   **C D**
    To see her in that negligee is really just too much.

Chorus 2 As Chorus 1

Bridge 1

    ‖: **G**   **F**
     Nah nah nah nah nah nah,
    C   **F**   **C** :‖ *4 times*
    Nah nah nah nah nah nah nah nah,

    Now listen:

Verse 3

    G   **F**
    It's okay, I understand,
     C   **F** **C**
    This ain't no never-never land.
     G   **F**
    I hope that when this fish is gone,
     C   **F**   **C**
    I'll see you when your clothes are on.
    G   **F**   **C**   **F C**
    Take your car, yes we will, we'll take your car and drive it,
    G   **F**   **C**   **F C**
    Take it to a motel room, and take 'em off in private.
     Em
    A part of me has just been wrecked,
     Am   **C**   **D**
    The pages from my mind are stripped.
    Em
     Oh no, I can't deny it,
    Am   **C**   **D**
     Oh yeah, I guess I got to buy it.

Chorus 3 As Chorus 1

Link
    G **N.C**   **F** **N.C**
Nah nah nah nah nah nah,
    C **N.C**   **F**   **C**
Nah nah nah nah nah nah nah nah.

Bridge 2 As Bridge 1

Chorus 4
      G   **F** **C**   **F**   **C**
My blood runs cold, my memory has just been sold,
      G   **F**
My angel is the centerfold,
C   **F**   **C**
Angel is the centerfold.
      G   **F** **C**   **F**   **C**
My blood runs cold, my memory has just been sold,
      G   **F**   **C**   **F**   **C**
My angel is the centerfold, Angel is the center - fold.

Outro
‖: **G**   **F**
   Nah nah nah nah nah nah,
C   **F**   **C** :‖ *Repeat to fade*
Nah nah nah nah nah nah nah nah.

Christine

Words & Music by Siouxsie Sioux & Steve Severin

Chords: D5(7) Eb5(maj7) D5 Dm7 G A D

Tune guitar slightly sharp

Intro | D5(7) |: Eb5(maj7) | D5 :| *Play 4 times*

Verse 1
Eb5(maj7)   D5
She tries not to shatter, kaleidoscope style,
Eb5(maj7)   D5
Personality changes behind her red smile.
Eb5(maj7)   D5
Every new problem brings a stranger inside,
Eb5(maj7)   D5
Helplessly forcing one more new disguise.

Chorus 1
            Dm7   G
Christine, the strawberry girl,
            Dm7   G
Christine, banana split lady.
            Dm7   G
Christine, the strawberry girl,
            Dm7   G
Christine, banana split lady.

Link 1 |: Eb5(maj7) | D5 :| *Play 4 times*

Verse 2
Eb5(maj7)   D5
Singing sweet savages lost in our world,
Eb5(maj7)   D5
This big eyed girl sees her faces unfurl.
Eb5(maj7)
Now she's in purple,
D5   Eb5(maj7)
Now she's the turtle,
            D5
Disintegrating.

© Copyright 1980 Chrysalis Music Limited (50%)/
Domino Publishing Company (50%).
All Rights Reserved. International Copyright Secured.

Chorus 2

      Dm7   **G**
Christine, the strawberry girl,
      Dm7   **G**
Christine, banana split lady.
      Dm7   **G**
Christine, the strawberry girl,
      Dm7   **G**
Christine sees her faces unfurl.

Link 2

‖: A | D | A | D :‖

| E♭5(maj7) | D5 |

E♭5(maj7)
Now she's in purple,
D5   **E♭5(maj7)**
Now she's a turtle,
    D5
Disintegrating.
E♭5(maj7)   **D5** **E♭5(maj7)**   **E♭5(maj7)**   **D5**
Christine,   Christine.

Chorus 3   As Chorus 2

Link 3   ‖: E♭5(maj7) | D5 :‖

Outro

E♭5(maj7)   **D5** **E♭5(maj7)**   **D5**
Christine,   Christine.
E♭5(maj7)   **D5** **E♭5(maj7)**   **D5**
Christine,   Christine.
E♭5(maj7)   **D5** **E♭5(maj7)**   **D5**
Twenty two faces,
E♭5(maj7)   **D5** **E♭5(maj7)**   **D5**
Disintegrating,
E♭5(maj7)   **D5** **E♭5(maj7)**   **D5**
Christine,   Christine.
E♭5(maj7)   **D5** **E♭5(maj7)**   **D5**
Disintegrating.

‖: E♭5(maj7) | D5 :‖

| E♭5(maj7) ‖

Coming Around Again

Words & Music by Carly Simon

[Chord diagrams: C, Am, Fadd9, C5, F, Dm7, B♭, E♭, Cm6, D/C, F/A, C/E]

Intro | C | Am | F | C5 ||

Verse 1
C   Am   Fadd9   C5
Baby sneezes, Mummy pleases, Daddy breezes in.
C   Am   Fadd9   C5
Sound good on paper, so romantic, but so bewildering.

Chorus 1
F   Dm7
I know nothing stays the same,
                            B♭
But if you're willing to play the game,
               F
It's coming around a - gain.
E♭   Cm6   D/C
So don't mind if I fall a - part,
      F/A   C/E
There's more room in a broken heart *(broken heart)*.

Verse 2
C   Am   Fadd9
You pay the grocer, you fix the toaster, you kiss the host goodbye.
C   Am   Fadd9   C5
Then you break a window, burn the soufflé, scream a lullaby.

© Copyright 1987 Famous Music LLC, USA/C'est Music, USA.
Sony/ATV Harmony (UK) Limited.
All Rights Reserved. International Copyright Secured.

Chorus 2	F Dm7

Chorus 2

  F   Dm7
 I know nothing stays the same *(stays the same)*,
           B♭
But if you're willing to play the game *(play the game)*,
       F
It will be coming around a - gain.
  E♭   Cm6 D/C
So don't mind if I fall a - part,
   F/A   C/E
There's more room in a broken heart.

Verse 3

  C   Am
 And I believe in love,
      Fadd9
What else can I do?
     C5
I'm so in love with you.

Chorus 3

 F   Dm7
 I know nothing stays the same *(stays the same)*,
          B♭
But if you're willing to play the game *(play the game)*,
      F
It will be coming around a - gain.

Outro

 F   Dm7   B♭   F
 Baby sneezes, Mummy pleases, Daddy breezes in.
(Love, I believe in love, I believe in love, I believe in love)
 F   Dm7   *Repeat B.V. to end*
 I know nothing stays the same,
      B♭
But if you're willing to play the game,
    F
It will be coming around a - gain.
        Dm7
I do believe, I do believe, I believe in love,
B♭   F
 I believe in love, coming around again, coming around again.
      Dm7   B♭
Nothing stays the same, but if you're willing to play the game,

It will be coming around a - gain.
      Dm7
I believe in love, I believe in love,
B♭   F
 And it's coming around a - gain, ooh...*To Fade*

Could You Be Loved

Words & Music by Bob Marley

Em   G   C   Am   Bm   D

Intro | (Em) | (Em) | (Em) | (Em) | Em | Em ||

Chorus 1
       G   Em C   G
Could you be loved   and be loved?
               Em C   G
Could you be loved   and be loved?

Verse 1
  Em   Am
Don't let them fool you,
  Em   Am
Or even try to school you,   oh no.
  Em
We've got a mind of our own,
      C   Bm   Am
So go to hell if what you're thinking is not right.
  Em
Love would never leave us alone,
      C   Bm   D
In the darkness there must come out to light.

Chorus 2
       G   Em C   G
Could you be loved   and be loved?
               Em C   G
Could you be loved   and be loved?

Link | Em | Em | Em | Em ||

Bridge 1
          Em
(The road of life is rocky and you may stumble too,

So while you point your fingers someone else is judging you.)

© Copyright 1980 Fifty-Six Hope Road Music Limited/Odnil Music Limited.
Blue Mountain Music Limited.
All Rights Reserved. International Copyright Secured.

cont.

Em
Love your brotherman.

𝄆 (Could you be, could you be, could you be loved?

Could you be, could you be loved?) 𝄇

Verse 2

Em   **Am**
  Don't let them change you, oh,
Em   **Am**
  Or even rearrange you,   oh no.
Em   **C**   **Bm**   **Am**
  We've got a life to live (hmm-hmm-hmm).
      Em
They say   only, only,
C   **Bm**   **D**
Only the fittest of the fittest shall survive,

Stay alive.

Chorus 3

G   **Em**   **G**   **G**
  Could you be loved   and be loved?
              Em   **G**   **G**
Could you be loved   and be loved?

Bridge 2

Em
(You ain't gonna miss your water until your well runs dry,

No matter how you treat him the man will never be satisfied.

Could you be, could you be, could you be loved,

Could you be, could you be loved?)

Outro

Em
(Could you be, could you be, could you be loved,

Could you be, could you be loved?)

Say something, say something,

Say something, say something.

Reggae, reggae, say something.

Rockers, rockers, say something.

(Could you be loved?) *Ad lib. to fade*

Crazy Crazy Nights

Words & Music by Paul Stanley & Adam Mitchell

Intro
| G Gsus4 G D | C G/B D |
Whoa!

(Spoken)
  G Gsus4 G   C   G/B D
  Here's a little song for everybody out there.

Verse 1
G Gsus4 G D C G/B D G Gsus4 G | C G/B D |
People try to take my soul away,

G Gsus4 G D C G/B D G Gsus4 G | C G/B D |
But I don't hear the rap that they all say.

Cadd9   Dsus4
 They try to tell us we don't belong,

Am7   Em7 Dsus4
That's alright, we're millions strong.

Am7   Bm7
This is my music, it makes me proud,

Cadd9   Am7 D
These are my people and this is my crowd.

Chorus 1
     G D Em Cadd9 D C D
These are crazy, crazy, crazy, crazy nights.
     G D Em Cadd9 D C D C
These are crazy, crazy, crazy, crazy nights.

Verse 2
G Gsus4 G D C G/B D G Gsus4 G | C G/B D |
Sometimes days are so hard to survive,

G Gsus4 G C G/B D G Gsus4 G | C G/B D |
A million ways to bu - ry you alive.

Cadd9   Dsus4
 The sun goes down like a bad, bad dream,

© Copyright 1987 Largo Cargo Music/Hori Productions America Incorporated, USA.
Universal Music Publishing Limited (50%)/
Universal Music Publishing MGB Limited (50%).
All rights in Germany administered by Universal Music Publ. GmbH. and Musik Edition Discoton GmbH,
A Division of Universal Music Publishing Group.
All Rights Reserved. International Copyright Secured.

	Am7 Em7 Dsus4
cont.	You're wound up tight, gotta let off steam.

              Am7   Bm7
They say they can break you again and again.
   Cadd9   Am7   D
If life is a radio, turn up to ten.

Chorus 2
              G   D   Em   Cadd9 D   C D
These are crazy, crazy, crazy, crazy   nights.
              G   D   Em   Cadd9 D   C D
These are crazy, crazy, crazy, crazy   nights.

Chorus 3
              B♭   F   Gm E♭   F   E♭ F
These are crazy, crazy, crazy, crazy nights.
              B♭   F   Gm E♭   F   E♭ F
These are crazy, crazy, crazy, crazy nights.

Guitar solo   ‖: G   Dsus4   Em7 Cadd9 │ D   │ D   :‖

Verse 3
       Cadd9   Dsus4
And they try to tell us that we don't belong,
       Am7   Em7   Dsus4
But that's alright, we're millions strong.
   Am7   Bm7
You are my people, you are my crowd,
   Cadd9   D   C
This is our music, we love it loud.

Link   │ G Gsus4 G   D │ C G/B D │
(Spoken)   Yeah,

   G   Gsus4   G   C G/B D
  And nobody's gonna change me,
   G   Gsus4   G   C G/B
  'Cause that's who I am.

Chorus 4
     ‖: C   D G   D   Em   Cadd9 D   C D
    These are crazy, crazy, crazy, crazy   nights.
             G   D   Em   Cadd9 D   C D
    These are crazy, crazy, crazy, crazy   nights. :‖

Chorus 5
                B♭   F   Gm E♭   F   E♭ F
  ‖: These are crazy, crazy, crazy, crazy nights.
                B♭   F   Gm E♭   F   E♭ F
    These are crazy, crazy, crazy, crazy nights. :‖ *Repeat to fade*

Dance Hall Days

Words & Music by Jack Hues & Nicholas Feldman

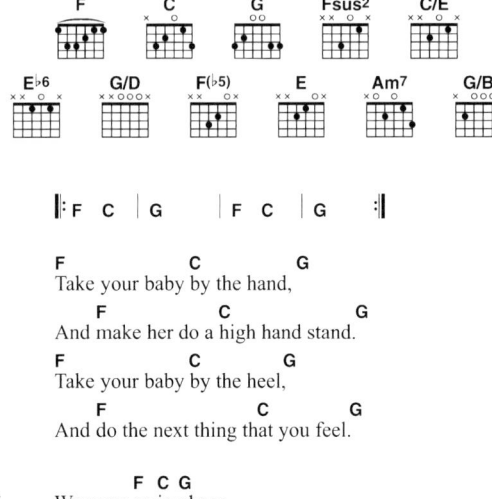

Intro   ‖: F C | G | F C | G   :‖

Verse 1
```
F                C           G
Take your baby by the hand,
    F           C            G
And make her do a high hand stand.
F               C         G
Take your baby by the heel,
    F             C          G
And do the next thing that you feel.
```

Chorus 1
```
            F  C  G
We were so in phase,
        F  C  G
In our dance hall days.
            F  C  G
We were cool on craze,
        Fsus2 C/E    Eb6           G/D
When I,      you, and everyone we knew.
          F(b5)  E    Am7      G/B      C
Could be - lieve, do, and share in what was true,

Oh, I said,
F C G                    F C G
    Dance hall days love.
```

Verse 2

    F   **C**   **G**
Take your baby by the hair,

       F   **C**   **G**
And pull her close and there there there.

F   **C**   **G**
Take your baby by the ears,

    F   **C**   **G**
And play upon her darkest fears.

Chorus 2

    F C G
We were so in phase,

      F   **C G**
In our dance hall days.

    F **C G**
We were cool on craze,

     Fsus² C/E   **E♭6**   **G/D**
When I,   you, and everyone we knew.

        F(♭5) E   **Am⁷**   **G/B**   **C**
Could be - lieve, do, and share in what was true,

Oh, I said,

F C G
    Dance hall days love.

F C G
    Dance hall days,

F C G   **F C G**
    Dance hall days love.

Verse 3

F   **C**   **G**
Take your baby by the wrist,

  F   **C**   **G**
And in her mouth an amethyst.

  F   **C**   **G**
And in her eyes two sap - phires blue,

  F   **C**   **G**
And you need her and she needs you.

  F   **C**   **G**
And you need her and she needs you,

And you need her and she needs you.

  F   **C**   **G**
And you need her and she needs you,

  F   **C G**
And you need her   and she needs you.

Chorus 3   𝄆 As Chorus 2 𝄇 *Repeat to fade*

Don't Dream It's Over

Words & Music by Neil Finn

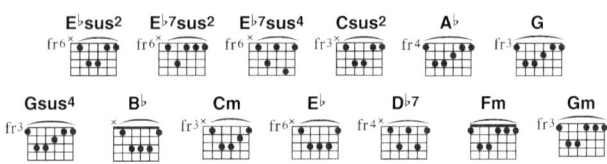

Tune guitar slightly flat

Intro   ‖: E♭sus2 | E♭7sus2 | E♭7sus4 :‖

Verse 1
      E♭sus2   Csus2
There is freedom within,
                   A♭
There is freedom without,
                        G   Gsus4
Try to catch the deluge in a paper cup.
  E♭sus2   Csus2
There's a battle ahead,
              A♭
Many battles are lost,

But you'll never see the end of the road,
         Gsus4   G
While you're travelling with me.

Chorus 1
  A♭   B♭
Hey now, hey now,
  E♭sus2 Cm
Don't dream it's over.
  A♭   B♭
Hey now, hey now,
E♭sus2   Cm
When the world comes in.
  A♭   B♭
They come, they come,
E♭sus2   Cm
To build a wall between us,
A♭   B♭
We know they won't win.

© Copyright 1986 Roundhead Music.
Universal Music Publishing Limited.
All rights in Germany administered by Universal Music Publ. GmbH.
All Rights Reserved. International Copyright Secured.

Verse 2

    E♭sus2   Csus2
   Now I'm towing my car,
                      A♭
There's a hole in the roof,

My possessions are causing me suspicion,
   Gsus4   G
But there's no proof.
E♭sus2   Csus2   A♭
In the paper today tales of war and of waste,
                        Gsus4 G
But you turn right over to the T.V. page.

Chorus 2

 A♭   B♭
Hey now, hey now,
    E♭sus2   Cm
Don't dream it's over.
 A♭   B♭
Hey now, hey now,
      E♭sus2   Cm
When the world comes in.
 A♭   B♭
They come, they come,
E♭sus2   Cm
To build a wall between us,
A♭
We know they won't win.

Instrumental ‖: E♭sus2 | Cm | A♭ | Gsus4 G :‖

| A♭ E♭ | A♭ E♭ | A♭ E♭ | D♭7 | D♭7 ‖

Verse 3

  E♭sus2   Csus2
   Now I'm walking again,
         A♭
To the beat of a drum,

And I'm counting the steps,
        Gsus4   G
To the door of your heart.
E♭sus2   Csus2   A♭
  Only shadows ahead barely clearing the roof,
                          Gsus4   G
Get to know the feeling of liberation and release.

Chorus 3

    Fm   **Gm**
  Hey now, hey now,

      E♭sus2   **Cm**
Don't dream it's over.

A♭   **B♭**
  Hey now, hey now,

        E♭sus2   **Cm**
When the world comes in.

  A♭   **B♭**
They come, they come,

E♭sus2   **Cm**
  To build a wall between us,

A♭
  We know they won't win.

Outro   ‖: **A♭** **B♭** | **E♭sus2** **Cm** :‖ *Repeat to fade w/ad lib vocals*

Don't Turn Around

Words & Music by Diane Warren & Albert Hammond

Bmaj7   C#m7   E   F#11   F#   A   F#6

Intro
    N.C.   Bmaj7 C#7 E F#11
Ooh,_____

Bmaj7 C#m7   F#11
Whoa, oh, oh, oh.

Verse 1
      E   B   E   F#
If you wanna leave baby,
    E   Bmaj7   E F#
I won't beg you to stay.
      E   Bmaj7   E   F#
And if you wanna go   darling,
  E   Bmaj7   E F# E
Maybe it's better that way.

Pre-chorus 1
E
I'm gonna be strong,

I'm gonna be fine,
          F#11
Don't worry about this heart of mine.
           E
Walk out the door, see if I care,
       F#11
Go on and go now.

Chorus 1
F#11
But don't turn around,
Bmaj7   E   C#m7
'Cause you're gonna see my heart breaking.
F#11   E
Don't turn around,
Bmaj7   E   F#11
I don't want you seeing me crying.

Just walk away,

cont.

Bmaj7   E   C#m7
It's tearing me a - part that you're leaving,

F#11   A F#11   Bmaj7 E F#11
I'm letting you go,   and I won't let you know   baby,

E   Bmaj7   E F#11
I won't let you know.

Verse 2

E   Bmaj7 E   F# E   Bmaj7 E F#
I won't miss your arms a - round me,   holding me tight.

E   Bmaj7   E   F#
And if you ever think a - bout me,

E   Bmaj7   E   F#   E
Just know that I'm gonna be al - right.

Pre-chorus 2

E
I'm gonna be strong,

I'm gonna be fine,

F#11
Don't worry about this heart of mine.

E
I'm gonna sur - vive yeah,

I'll make it through,

F#11
And I'll learn to live without you.

Chorus 2

N.C.
But don't turn around,

Bmaj7   E   C#m7
'Cause you're gonna see my heart breaking.

F#11   E
Don't turn around,

Bmaj7   E   F#11
I don't want you seeing me crying.

E
Just walk away,

Bmaj7   E   C#m7
It's tearing me a - part that you're leaving,

F#11   A
I'm letting you go,___

F#11   Bmaj7 C#m7 E F#11
And I won't let you know.

Bridge

C#m7   F#6
I wish I could scream out loud, that I love you,

C#m7
I wish I could say to you,

F#11
Don't go, don't go, don't go.

Chorus 3

    N.C.   **Bmaj7**   **E**   **C♯m7**
Don't turn a - round girl,   oh - oh.
F♯11   **E**
Don't turn around,
               E   **F♯11**
I don't want you seeing me crying.
E   **Bmaj7**
Just walk a - way,
                 E   **C♯m7**
It's tearing me a - part that you're leaving,
     F♯11   **A**   **F♯11**
I'm letting you go.

Chorus 4

F♯11
Don't turn around,
Bmaj7   **E**   **C♯m7**
  'Cause you're gonna see my heart breaking.
F♯11   **E**
Don't turn around,
Bmaj7   **E**   **F♯11**
  I don't want you seeing me crying.
E
Just walk away,
Bmaj7   **E**   **C♯m7**
  It's tearing me a - part that you're leaving,
   F♯11   **A**
I'm letting you go.

Chorus 5

  F♯11   **Bmaj7**
    Don't you turn a - round,
       E   **C♯m7**
I don't want you to see when I'm crying.
F♯11   **E**   **B**
(Don't turn around,)
           E   **C♯m7**
Hey girl, don't you turn around when you're leaving.
E
(Don't turn around,)
Bmaj7   **E**   **C♯m7**
Well, well, I don't want you to see when I'm crying.
F♯11   **E**
(Don't turn around,)
Bmaj7   **E**   **F♯11**
  No, no, I don't want you to turn when you're leaving.
          Bmaj7 **E**   **C♯m7**
Don't you turn a - round,
F♯11   **Bmaj7**   **E**   **F♯11**
Don't turn a - round yeah.

Repeat Chorus 5 ad lib. to fade

Don't You (Forget About Me)

Words & Music by Keith Forsey & Steve Schiff

Chords: D, E5, Em, C, E, A, Dsus2, Asus4, G

Intro ‖: D E5 | E5 | D Em | C D :‖

Verse 1
    E   D
  Won't you come see about me?
A   D
I'll be alone, dancing, you know it, baby.
  E   D
  Tell me your troubles and doubts,
A   D
Giving me everything inside and out.
      E   D
And love's strange, so real in the dark.
A   D
Think of the tender things that we were working on.
  E   D
  Slow change may pull us apart,
A   D
  When the light gets into your heart, baby.

Chorus 1
E   Dsus2   Asus4 A
Don't you   forget about me.
Dsus2
Don't, don't, don't, don't,
E   Dsus2   Asus4 A
Don't you   forget about me.

Bridge
C   G
Will you stand above me, look my way, never love me?
D   A
Rain keeps falling, rain keeps falling   down, down, down.
C   G
Will you recognise me, call my name or walk on by?
D   A
Rain keeps falling, rain keeps falling   down, down, down.

© Copyright 1985 MCA Music (a division of MCA Incorporated), USA.
Universal/MCA Music Limited.
All rights in Germany administered by Universal/MCA Music Publ. GmbH.
All Rights Reserved. International Copyright Secured.

Link 1 ‖: D E5 | E5 | D Em | C D :‖

Verse 2
  E   D
 Don't you try and pretend,
A   D
It's my feeling we'll win in the end.
   E   D
I won't harm you or touch your defences,
A   D
Vanity, inse - curity.
E   D
 Don't you forget about me,
A   D
I'll be alone, dancing, you know it, baby.
E   D
 Going to take you apart,
A   D
 I'll put us back to - gether at heart, baby.

Chorus 2
E   Dsus2 Asus4 A
Don't you forget about me.
Dsus2
Don't, don't, don't, don't,
E   Dsus2 Asus4 A
Don't you forget about me.

Link 2
  Dsus2   E
‖: As you walk on by,
Dsus2 Asus4 A
 Will you call my name?_____ :‖
Dsus2   E | D | A
 When you walk away,
D   E | D | A
 Oh, will you walk away,
D   E | D
 Will you walk on by?
A   D
 Come on, call my name.
E   D | A | D ‖
 Will you call my name?   I said;

Outro
  E Dsus2 A Dsus2
‖: La, la la la la-ah, la la la la-ah, la la la, la-la la la-la la. :‖
            Repeat to fade

Drive

Words & Music by Ric Ocasek

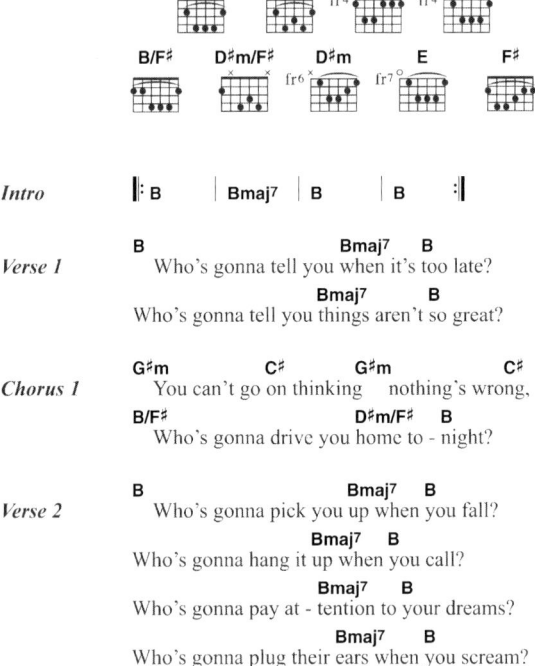

| Intro | ‖: B | Bmaj7 | B | B :‖ |

Verse 1
    B   Bmaj7   B
Who's gonna tell you when it's too late?
                          Bmaj7   B
Who's gonna tell you things aren't so great?

Chorus 1
  G♯m   C♯   G♯m   C♯
   You can't go on thinking   nothing's wrong,
B/F♯   D♯m/F♯   B
Who's gonna drive you home to - night?

Verse 2
    B   Bmaj7   B
Who's gonna pick you up when you fall?
                      Bmaj7   B
Who's gonna hang it up when you call?
                               Bmaj7   B
Who's gonna pay at - tention to your dreams?
                             Bmaj7   B
Who's gonna plug their ears when you scream?

© Copyright 1984 Lido Music Incorporated, USA.
Universal/MCA Music Limited.
All rights in Germany administered by Universal/MCA Music Publ. GmbH.
All Rights Reserved. International Copyright Secured.

Chorus 2
      G♯m   C♯   G♯m   C♯
    You can't go on thinking   nothing's wrong,
B/F♯   D♯m/F♯
    Who's gonna drive you home to - (night?)

Instrumental | B | G♯m | B/F♯ | G♯m |
- night?

            | D♯m | E | B/F♯ | F♯   ‖

Verse 3
B   Bmaj7   B
    Who's gonna hold you down when you shake?
                   Bmaj7   B
Who's gonna come a - round when you break?

Chorus 3
      G♯m   C♯   G♯m   C♯
    You can't go on thinking   nothing's wrong,
B/F♯   D♯m/F♯   B
    Who's gonna drive you home to - night?
G♯m   C♯   G♯m   C♯
Oh, you know you can't go on thinking   nothing's wrong,
B/F♯   D♯m/F♯   B
    Who's gonna drive you home to - night?

Easy Lover

Words by Phil Collins
Music by Phil Collins, Nathan East & Philip Bailey

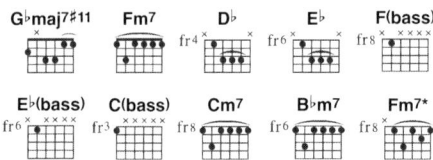

Riff: F(bass)   E♭(bass)   C(bass)   F(bass)

Intro | G♭maj7♯11 | G♭maj7♯11 | Fm7 | Fm7 |

| G♭maj7♯11 | G♭maj7♯11 | Fm7 | D♭ E♭ |

| Riff | B♭m7 Cm7 | Riff | D♭ E♭ |

| Riff | B♭m7 Cm7 | Riff | D♭ E♭ ‖
(Easy)

      Riff
Chorus 1 Easy lover,
        B♭m7 Cm7   Riff   D♭
She'll get a hold on you be - lieve it.
E♭   Riff
  Like no other,
        B♭m7   Cm7   Riff   D♭
Before you know it you'll be on your knees.
    E♭ Riff
She's an easy lover,
       B♭m7 Cm7   Riff   D♭
She'll take your heart but you won't feel it.
    E♭ Riff
She's like no other,
      B♭m7 Cm7   Riff
And I'm just trying to make you see.

Verse 1
                D♭
She's the kind of girl you dream of,

Dream of keeping hold of.
        E♭   Riff
You'd better for - get it,

You'll never get it.
      D♭
She will play around and leave you,

Leave you and deceive you.
      E♭   Riff
Better for - get it,

Oh, you'll regret it.

  Cm⁷ B♭m⁷   Cm⁷   Fm⁷*
Pre-chorus 1   No you'll never change her, so leave her, leave her.
  Cm⁷ B♭m⁷   Cm⁷   Fm⁷*
   Get out quick 'cause seeing is be - lieving,
       B♭m⁷   Cm⁷
It's the only way,
 Fm⁷*   G♭maj⁷♯¹¹
    You'll ever know,___

  D♭   E♭   Riff
Chorus 2   She's an easy lover,
             B♭m⁷ Cm⁷   Riff   D♭
She'll get a hold on you be - lieve it.
 E♭   Riff
  Like no other,

         B♭m⁷   Cm⁷   Riff
Before you know it you'll be on your knees.
 D♭   E♭   Riff
   She's an easy lover,
           B♭m⁷ Cm⁷   Riff   D♭
She'll take your heart but you won't feel it.
   E♭   Riff
She's like no other,

        B♭m⁷   Cm⁷   Fm⁷*
And I'm just trying to make you see.

	D♭
Verse 2	You're the one that wants to hold her,

Hold her and control her.

      E♭   **Riff**
You'd better for - get it,

You'll never get it.

      D♭
For she'll say that there's no other,

Till she finds another.

E♭ **Riff**
Better for - get it,

Oh, you'll regret it.

     Cm⁷   **B♭m⁷**   **Cm⁷**   **Fm⁷***
Pre-chorus 2   And don't try to change her, just leave her, leave her,

Cm⁷ **B♭m⁷**   **Fm⁷***
       You're not the only one, oh seeing is believing.

      B♭m⁷   **Cm⁷**
It's the only way,

Fm⁷*   **G♭maj⁷♯11**
You'll ever know, oh._____

    Fm   **G♭maj⁷♯11** **Fm** **D♭** **E♭**
Ah._____

Guitar solo   ‖: **Riff** | **B♭m⁷ Cm⁷** | **Riff** | **D♭ E♭** :‖   *Play 4 times*

Pre-chorus 3
    Cm7 B♭m7   Cm7   Fm7*
No, don't try to change her, just leave her, leave her.
Cm7 B♭m7   Cm7   Fm7*
        You're not the only one, ooh, seeing is be - lieving.
    B♭m7   Cm7
It's the only way,
Fm7*   G♭maj7♯11
You'll ever know.___

Chorus 3
   D♭   E♭   Riff
‖: She's an easy lover,
          B♭m7 Cm7   Riff   D♭
She'll get a hold on you be - lieve it.
    E♭   Riff
She's like no other,
          B♭m7   Cm7   Riff
Before you know it you'll be on your knees.
            D♭
(You'll be down on your knees)
   E♭   Riff
She's an easy lover,
          B♭m7   Cm7   Riff   D♭
She'll take your heart but you won't feel it.
   E♭   Riff
She's like no other,
         B♭m7   Cm7   Riff
And I'm just trying to make you see. :‖ *Repeat to fade*

Englishman In New York

Words & Music by Sting

Em   A   Bm   D   F#   G   F#/A#

Intro ‖: Em A | Bm A | Em A | Bm A :‖

Verse 1
    Em   A   Bm   A
I don't drink coffee, I take tea my dear,
    Em   A   Bm   A
I like my toast done on one side.
    Em   A   Bm   A
And you can hear it in my accent when I talk,
      Em   A   Bm A
I'm an Englishman in New York.

Verse 2
    Em   A   Bm   A
You see me walking down Fifth Avenue,
    Em   A   Bm A
A walking cane by my side.
    Em   A   Bm A
I take it everywhere I walk,
      Em   A   Bm A
I'm an Englishman in New York.

Chorus 1
      Em   A   Bm
Woh, I'm an alien, I'm a legal alien,
    Em   A   Bm
I'm an Englishman in New York.
    Em   A   Bm
Woh, I'm an alien, I'm a legal alien,
    Em   A   Bm A
I'm an Englishman in New York.

© Copyright 1987 Steerpike Limited/
Steerpike (Overseas) Limited/EMI Music Publishing Limited.
All Rights Reserved. International Copyright Secured.

Verse 3

    Em   A   Bm   A
If manners maketh man as someone said,
Em   A   Bm   A
He's our hero of the day.
Em   A   Bm   A
It takes a man to suffer ignorance and smile,
    Em   A   Bm   A
Be yourself no matter what they say.

Chorus 2   As Chorus 1

Bridge

           D   A
Modesty, propriety, can lead to notoriety,
  Bm   F♯
But you could end up as the only one.
 G   A
Gentleness, sobriety, are rare in this society,
  F♯/A♯   Bm
At night a candle's brighter than the sun.

Instrumental   ‖: Em A | Bm A | Em A | Bm A :‖

(Drums) | N.C | N.C | N.C | N.C   ‖

Verse 4

Em   A   Bm   A
Takes more than combat gear to make a man,
Em   A   Bm A
Takes more than a license for a gun,
Em   A   Bm   A
Confront your enemies, avoid them when you can,
  Em   A   Bm A
A gentleman will walk but never run.

Verse 5

Em   A   Bm   A
If manners maketh man as someone said,
Em   A   Bm A
He's our hero of the day.
Em   A   Bm   A
It takes a man to suffer ignorance and smile,
          Em   A   Bm A
‖: Be yourself, no matter what they say.   :‖

Chorus 3

     Em   A   Bm   A
‖: Woh, I'm an alien, I'm a legal alien,
     Em   A   Bm A
I'm an Englishman in New York.   :‖ *Repeat to fade*

Everywhere

Words & Music by Christine McVie

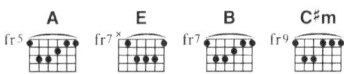

Tune guitar slightly sharp

Intro | A | A | A | A | A | A | A | A   ‖

| E B | E B | E B | C#m   A
           Calling out your name...
| E B | E B | E B | C#m   A
           Calling out your name...

Verse 1
    E   B   E   B
Can you hear me calling   out your name?
   E   B   C#m   A
You know that I've fallen in and I don't know what to say.
   E   B   E   B
I'll speak a little louder,   I'll even shout,
   E   B   C#m   A
You know that I'm proud and I can't get the words out.

Chorus 1
    B C#m A B
Oh I_____
C#m   B   A   B
I wanna be with you everywhere,
    B C#m A B
Oh I_____
C#m   B   A
I wanna be with you everywhere.
      B   E   B
(I wanna be with you everywhere.)

| E B | E B | C#m A |

Verse 2

    E   B   E   B
Something's happening, happening to me,
    E   B   C#m   A
My friends say I'm acting peculiarly.
    E   B   E   B
Come along baby, we'd better make a start,
    E   B   C#m   A
You'd better make it soon before you break my heart.

Chorus 2

   B C#m A B
Oh I_____
C#m   B   A   B
I wanna be with you everywhere,
   B C#m A B
Oh I_____
C#m   B   A
I wanna be with you everywhere.
           B   A
(I wanna be with you everywhere.)

Link

| A | A | A | A |
| A | A | A |

Verse 3

    E   B   E   B
Can you hear me calling out your name?
    E   B   C#m   A
You know that I've fallen in and I don't know what to say.
    E   B   E   B
Oh come along baby we'd better make a start,
    E   B   C#m   A
You'd better make it soon before you break my heart.

	B C#m A B
Chorus 3	Oh I_____

C#m   B   A   B
   I wanna be with you everywhere,
   B   C#m A B
Oh I_____
C#m   B   A   B
   I wanna be with you everywhere.
   B   C#m A B
Oh I_____
C#m   B   A   B
   I wanna be with you everywhere,
   B   C#m A B
Oh I_____
C#m   B   A   B
   I wanna be with you everywhere.

Outro ‖: E | E | E | E :‖ *Repeat to fade*

Eye Of The Tiger

Words & Music by Jim Peterik & Frank Sullivan III

Intro | C* (single note) | C* | C* | C* |

‖: Cm (N.C.) Cm   B♭ Cm | (N.C.)   Cm   B♭ Cm |

                                                                              x4

| (N.C.)   Cm   Cm/G   A♭   A♭ :‖

| Cm   C8   C8 |

Verse 1
    Cm9   A♭maj7/C
   Rising up, back on the street,
B♭/C   Cm
  Took my time, took my chances.
                    A♭maj7/C
Went the distance, now I'm back on my feet,
   B♭/C   Cm9
Just a man and his will to survive.
                   A♭
So many times, it happens too fast,
B♭   Cm
  You trade your passion for glory.
                   A♭
Don't lose your grip on the dreams of the past,
B♭   Cm
You must fight just to keep them alive.

© Copyright 1982 Three Wise Boys Music LLC/W.B. Music Corporation/Easy Action Music, USA.
Warner/Chappell Music Limited (50%)/
Sony/ATV Harmony (UK) Limited (50%).
All Rights Reserved. International Copyright Secured.

Chorus 1
    (B♭/C* Cm*) Fm   E♭/G   B♭
It's   the   eye of the tiger, it's the thrill of the fight,
      Fm   Cm7   B♭
Rising up to the challenge of our ri - val.
        Fm   E♭/G   B♭
And the last known survivor stalks his prey in the night,
     Fm   Gm
And his fortune must always be,
A♭   N.C.   C*
Eye   of the tiger.

Verse 2
   Cm   A♭maj7/C
  Face to face, out in the heat,
B♭/C   Cm
  Hanging tough, staying hungry.
                             A♭maj7/C
They stack the odds still we take to the street,
     B♭/C   Cm
For the kill with the skill to survive.

Chorus 2
    (B♭/C* Cm*) Fm   E♭/G   B♭
It's   the   eye of the tiger, it's the thrill of the fight,
      Fm   Cm7   B♭
Rising up to the challenge of our ri - val,
(B♭/C* Cm*) Fm   E♭/G   B♭
And the   last known survivor stalks his prey in the night,
     Fm   Gm
And his fortune must always be,
A♭   N.C.   C*
Eye   of the tiger.

Verse 3
   Cm9   A♭maj7/C
  Rising up, straight to the top,
B♭/C   Cm
  Had the guts, got the glory.
Cm9   A♭maj7/C
Went the distance, now I'm not gonna stop,
    B♭/C   Cm
Just a man and his will to survive.

Chorus 3

    (B♭/C* Cm*) **Fm**   **E♭/G**   **B♭**
It's   the   eye of the tiger, it's the thrill of the fight,

      Fm   **Cm7** **B♭**
Rising up to the challenge of our ri - val.

      Fm   **E♭/G**   **B♭**
And the last known survivor stalks his prey in the night,

      Fm   **Gm**
And his fortune must always be,

A♭   **N.C.**   **C***
Eye _____ of the tiger.

| **Cm (N.C.) Cm**   **B♭ Cm** | **(N.C.)**   **Cm**   **B♭ Cm** |

| **(N.C.)**   **Cm Cm/G A♭** | **A♭** |
                                        The eye of the

‖: **Cm (N.C.) Cm**   **B♭ Cm** | **(N.C.)**   **Cm**   **B♭ Cm** |
   tiger.

| **(N.C.)**   **Cm Cm/G A♭** | **A♭**   :‖ *Repeat to fade*
                                      The eye of the

Fade To Grey

Words & Music by Midge Ure, Billy Currie & Christopher Payne

Chords: E, Am, C, Em, Dm, F

Intro
E	E	E	Am
Am	Am	Am	Am	
|: C	Em	Am	Am :|

Devenions gris.

Verse 1
    Dm   **F**
One man on a lonely platform,
                       Am
One case sitting by his side.
  Dm   **F**
Two eyes staring cold and silent,
                    Am
Show fear as he turns to hide.

Chorus 1
C Em   **Am**
Ah,___ we fade to grey, fade to grey.
C Em   **Am**
Ah,___ we fade to grey, fade to grey.

Verse 2
  Dm   **F**
Un homme dans une gare isolée,
                     Am
Une valise à ses cô - tés.
  Dm   **F**
Deux yeux fixes et froids,
                             Am
Montrent de la peur lors - qu'il se tourne pour se cacher.

Chorus 2
C Em   **Am**
Ah,___ we fade to grey, fade to grey.
C Em   **Am**
Ah,___ we fade to grey, fade to grey.

© Copyright 1980 Universal Music Publishing Limited (66.67%)
(Administered in Germany by Universal Music Publ. GmbH.)/
Performance Music Limited/Edward Kassner Music Company Limited (33.33%).
All Rights Reserved. International Copyright Secured.

Bridge

    Am
Sens la pluie comme un été anglais,

Entends les notes d'une chanson lointaine.

Sortant de derrière un poster,
   (C)
Espérant que la vie ne fût si longue.

Chorus 3

C Em   **Am**
Ah,__ we fade to grey, fade to grey.
C Em   **Am**
Ah,__ we fade to grey, fade to grey.

Verse 3

Dm   **F**
Feel the rain like an English summer,
                        Am
Hear the notes from a distant song.
Dm   **F**
Stepping out from a back drop poster,
                       Am
Wishing life wouldn't be so long.   *(Devenions gris.)*

Chorus 4

C Em   **Am**
Ah,__ we fade to grey, fade to grey.
C Em   **Am**
Ah,__ we fade to grey, fade to grey.
C Em   **Am**
Ah,__ we fade to grey, fade to grey. *(Devenions gris.)*
C Em   **Am**
Ah,__ we fade to grey, fade to grey. *(Devenions gris.)*
  C Em   **Am**
‖: Ah,__ we fade to grey, fade to grey.
C Em   **Am**
Ah,__ we fade to grey, fade to grey. *(Devenions gris.)* :‖

Repeat to fade

Ghost Town

Words & Music by Jerry Dammers

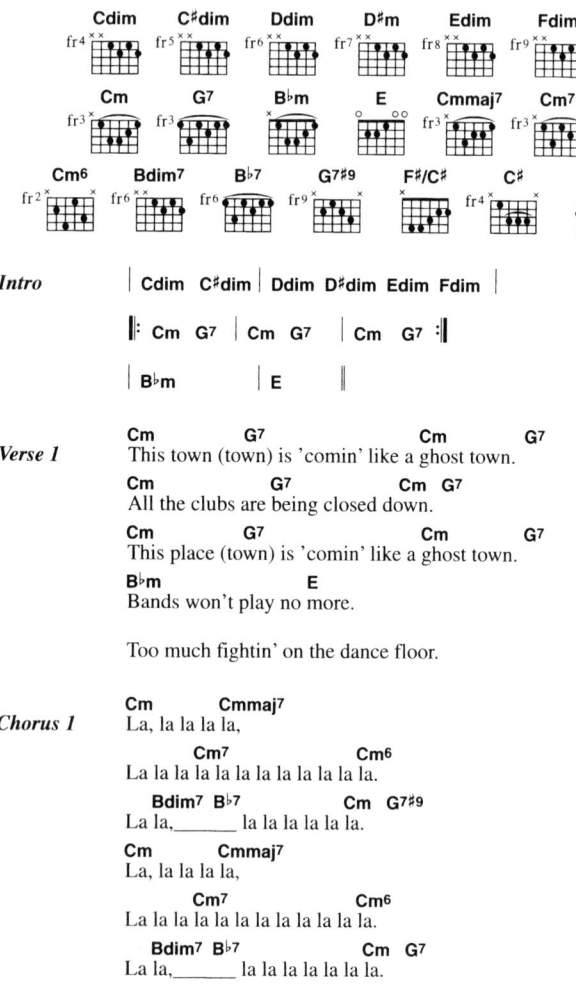

Intro | Cdim C#dim | Ddim D#dim Edim Fdim |

‖: Cm G7 | Cm G7 | Cm G7 :‖

| B♭m | E ‖

Verse 1
Cm   G7   Cm   G7
This town (town) is 'comin' like a ghost town.
Cm   G7   Cm   G7
All the clubs are being closed down.
Cm   G7   Cm   G7
This place (town) is 'comin' like a ghost town.
B♭m   E
Bands won't play no more.

Too much fightin' on the dance floor.

Chorus 1
Cm   Cmmaj7
La, la la la la,
         Cm7   Cm6
La la la la la la la la la la la.
   Bdim7 B♭7   Cm   G7#9
La la,_____ la la la la la la.
Cm   Cmmaj7
La, la la la la,
         Cm7   Cm6
La la la la la la la la la la la.
   Bdim7 B♭7   Cm   G7
La la,_____ la la la la la la.

© Copyright 1981 Plangent Visions Music Limited.
All Rights Reserved. International Copyright Secured.

Link 1 | Cdim C♯dim | Ddim D♯dim Edim Fdim ‖

Middle
    F♯/C♯   C♯   F♯/C♯   C♯   F♯
Do you remember the good old days before the ghost town?
      F♯/C♯   C♯   F♯/C♯   C♯   F♯   G7
We danced and sang and the music played in our dear boom town.

Link 2 | Cm G7 | Cm G7 | Cm G7 |

         | Cm G7 | Cm G7 | Cm G7 |

         | B♭m | E   ‖

Verse 2
Cm   G7   Cm
This town (town) is 'comin' like a ghost town.
         G7   Cm G7
Why must the youth fight against themself.
Cm   G7
  Government's leavin' the youths on the shelf.
Cm   G7   Cm
This place (town) is 'comin' like a ghost town.
      G7
No job to be found in this country,
B♭m   E
Can't go on no more,

The people gettin' angry.

Chorus 2 As Chorus 1

Outro
Cm   G7   Cm
This town is 'comin' like a ghost town.
   G7   Cm
This town is 'comin' like a ghost town.
   G7   Cm
This town is 'comin' like a ghost town.
N.C.
This town is 'comin' like a ghost town.

Gimme All Your Lovin'

Words & Music by Billy Gibbons, Dusty Hill & Frank Beard

[Chord diagrams: F5/C, B♭5/C, C5, B♭, F, B♭5, G]

Intro

4

‖: F5/C B♭5/C | B♭5/C C5 :‖ *Play 4 times*

Verse 1
            F5/C   B♭5/C B♭5/C C5 F5/C   B♭5/C/C C5
I got to have a shot   of what you got is oh so sweet.
           F5/C   B♭5/C B♭5/C C5 F5/C   B♭5/C/C C5
You got to make it hot,   like a boomerang I need a repeat,

Chorus 1
B♭
Gimme all your lovin',
F   F5/C B♭5/C/C C5
all your hugs and kisses too,
B♭
Gimme all your lovin',
F   F5/C B♭5/C/C C5
don't let up until we're through.

Verse 2
           F5/C   B♭5/C B♭5/C C5 F5/C   B♭5/C/C C5
You got to whip it up   and hit me like a ton of lead,
     F5/C   B♭5/C C5 F5/C   B♭5/C   C   C5
If I blow my top   will you let it go to your head?

Chorus 2   As Chorus 1

Link 1 | B♭5 | B♭5 ‖

© Copyright 1983 Stage Three Songs Incorporated, USA.
Administered in the UK & Eire by Stage Three Music Limited.
All Rights Reserved. International Copyright Secured.

Guitar solo		C5	C5	C5	C5	C5	C5	C5	C5

| | F | G | C5 | C5 | F | G | C5 | C5 |

| | B♭5 | B♭5 | C5 | C5 | B♭5 | B♭5 | C5 | C5 ‖

Verse 3
              F5/C   **B♭5/C B♭5/C C5**
You got to move it up,
   F5/C   **B♭5/C**   **B♭5/C C5**
And use it like a schoolboy would.
             F5/C   **B♭5/C B♭5/C C5**
You got to pack it up,
F5/C   **B♭5/C**   **B♭5/C C5**
Work it like a new boy should.

Chorus 3   As Chorus 1

Link 2 | B♭5 | B♭5 | B♭5 | B♭5 ‖

Outro   ‖: C5 | C5 | C5 | C5 :‖   *Ad lib to end*

A Good Heart

Words & Music by Maria McKee

Chords: A, F#m, D, E, Dsus4

Capo first fret

Intro ‖: A | A | F#m | F#m :‖

Verse 1
```
       A           F#m       E              A
I hear a lot of stories, I sup - pose they could be true,
       D              A       E
All about love and what it can do to you.
    A              F#m         E             A
High is the risk of striking out, the risk of get - ting hurt,
        E          D
And still I have so much to learn.
```

Pre-chorus 1
```
     D    Dsus4 D               A      F#m  E  A
Well I know      'cause I think about it all the time,
     Dsus4 D              E
I know      that real love is quite a vice.
```

Chorus 1
```
          A    E           F#m    D
And a good heart these days is hard to find,
A      D      A       E
True love, the lasting kind.
      A   E            F#m  D
A good heart these days is hard to find,
     A        E              D
So please be gentle with this heart of mine.
```

© Copyright 1985 Little Diva Music Company(BMI) administered Bug Music Limited.
All Rights Reserved. International Copyright Secured.

Verse 2

     A   F♯m E   A
My expectations may be high, I blame it on my youth,
         D   A   E
Soon enough I'll learn the painful truth.
   A   F♯m   E   A
I'll face it like a fighter then boast of how I've grown,
   E   D
Anything is better than being alone.

Pre-chorus 2

D Dsus4 D   A   F♯m E A
Well I know 'cause I learn a little every day,
    Dsus4 D   E
I know 'cause I listen when the experts say that...

Chorus 2

     A   E   F♯m   D
That a good heart these days is hard to find,
A D   A   E
True love, the lasting kind.
   A   E   F♯m   D
A good heart these days is hard to find,
   A   E   D
So please be gentle with this heart of mine.

Guitar solo

| Dsus4 D | D | A F♯m | E A |

| Dsus4 D | D | E | E   ‖

Verse 3

   A   F♯m E   A
As I reflect on all my childhood dreams,
     D   A   E
My ideas of love weren't as foolish as they seemed.
A   F♯m   E   A
If I don't start looking now I'll be left behind,
    E   D
And a good heart these days, it's hard to find.

Pre-chorus 3

D Dsus4 D   A   F♯m E A
Well I know, it's a dream I'm willing to de - fend,
    Dsus4 D   E
I know it will all be worth it in the end.

Chorus 3   As Chorus 1

Chorus 4
          A   **E**   **F♯m**   **D**
And a good heart these days is hard to find,
A   **D**   **A**   **E**
True love, the lasting kind.
 A   **E**   **F♯m**   **D**
A good heart these days is hard to find,
   A   **E**   **D**   **E**   **A**
So please be gentle with this heart, with this heart of mine.

Outro
Dsus⁴ **D** **Dsus⁴** **D**   **A**
                           A good heart.
         Dsus⁴ **D** **Dsus⁴** **D**
‖: A good heart.
        A
A good heart. :‖ *Repeat to fade*

Goody Two Shoes

Words & Music by Adam Ant & Marco Pirroni

Chords: A B G D E C C# Bb

Intro | *(Drums)* 4 || *(Guitar melody)* 6 ||

|: A | A | A | A |
| A | A | B | G :| A ||

Verse 1

    A
With the heartbreak open,

So much you can't hide,
    B
Put on a little makeup, makeup,
G   A
  Make sure they get your good side, good side.

If the words unspoken,

Get stuck in your throat,
    B
Send a treasure token, token,
G
  Write it on a pound note, pound note.

Link 1 | A | A | A | A ||

© Copyright 1982 Universal Music Publishing MGB Limited.
All Rights in Germany Administered by Musik Edition Discoton GmbH
(A Division of Universal Music Publishing Group).
All Rights Reserved. International Copyright Secured.

Chorus 1
    B
Goody Two, Goody Two,
G
Goody, Goody Two Shoes,
A
Goody Two, Goody Two,

Goody, Goody Two Shoes,

Don't drink don't smoke - what do you do?

You don't drink don't smoke - what do you do?
B   **G**
Subtle innu - endos follow,
    A
There must be something inside.

Verse 2
      A
We don't follow fashion,

That'd be a joke,
          B
You know we're going to set them, set them,
G   **A**
  So everyone can take note, take note.

When they saw you kneeling,

Crying words that you mean,
      B
Opening their eyeballs, eyeballs,
G   **A**
  Pretending that you're Al Green, Al Green.

Link 2 | **A** | **A** | **A** | **A** ||

Chorus 2   As Chorus 1

Link 3 | D | D | D | D | E | C | D   ‖

Verse 3
    D
No one's gonna tell me,

What's wrong or what's right,
         E
Or tell me who to eat with, sleep with,
C   **D**
  Or that I've won the big fight, big fight.

Verse 4
 B
  Look out or they'll tell you,

You're a superstar,
        C♯
Two weeks and you're an all time legend,
A   **B**
  I think the games have gone much too far.

Verse 5
If the words unspoken,

Get stuck in your throat,
   D
Send a treasure token, token,
B♭   **C**
  Write it on a pound note, pound note.

Chorus 3   ‖: **A**
Don't drink don't smoke - what do you do?

You don't drink don't smoke - what do you do?
B   **G**
Subtle innu - endos follow,
    A
There must be something inside. :‖ *Repeat 4 times*

Heaven Is A Place On Earth

Words & Music by Rick Nowels & Ellen Shipley

Chorus 1
    C♯m A   B   C♯m
Ooh, baby, do you know what that's worth?
   E   A   B   C♯m
Ooh, heaven is a place on earth.
              A   B   C♯m
They say in heaven love comes first,
   E   A   B   C♯m
We'll make heaven a place on earth.
   E   A   B
Ooh, heaven is a place on (earth.)

Link 1 | C♯m A | B C♯m | E A | B C♯m |
earth. _____

           | C♯m A | B C♯m | E A | B C♯m | C♯m ||

Verse 1
          E   B
When the night falls down,
 A   B
I wait for you and you come around.
          E   B
And the world's alive,
        A   Bsus⁴ B
With the sound of kids on the street outside.

© Copyright 1987 Shipwreck Music/Spirit Two Music Incorporated, USA.
EMI Virgin Music Limited (50%)/
Spirit Music Publishing Limited (50%).
All Rights Reserved. International Copyright Secured.

	G A
Pre-chorus 1	When you walk into the room,

Gmaj7 **A**
You pull me close and we start to move.

F♯m7 **Gmaj7**
And we're spinning with the stars above,

Em **F♯m7** **G** **A**
And you lift me up in a wave of love.

C♯m A **B** **C♯m**
Chorus 2 Ooh, baby, do you know what that's worth?

E **A** **B** **C♯m**
Ooh, heaven is a place on earth.

A **B** **C♯m**
They say in heaven love comes first,

E **A** **B** **C♯m**
We'll make heaven a place on earth.

E **A** **B** **C♯m** | **C♯m** |
Ooh, heaven is a place on earth.

E **Bsus4** **B**
Verse 2 When I feel alone,_____

A **B**
I reach for you and you bring me home.

E **Bsus4** **B**
When I'm lost at sea,_____

A **Bsus4 B**
I hear your voice and it carries me.

G **A**
Pre-chorus 2 In this world we're just beginning,

Gmaj7 **A**
To understand the miracle of living.

F♯m7 **Gmaj7**
Baby, I was afraid before,

Em F♯m7 G A
But I'm not afraid anymore.

C♯m A **B** **C♯m**
Chorus 3 Ooh, baby, do you know what that's worth?

E **A** **B** **C♯m**
Ooh, heaven is a place on earth.

A **B** **C♯m**
They say in heaven love comes first,

E **A** **B** **C♯m**
We'll make heaven a place on earth.

E **A** **B**
Ooh, heaven is a place on (earth.)

Instrumental	| E	| E	| C♯m	| C♯m	| A	| A	| Bsus⁴	| B |

earth.

	| E	| E	| C♯m	| C♯m	| A	| A	| Bsus⁴	| B ‖

Pre-chorus 3

    G   **A**
In this world we're just beginning,

Gmaj⁷   **A**
To understand the miracle of living.

F♯m⁷   **Gmaj⁷**
Baby, I was afraid before,

     Em **F♯m⁷ G A**
But I'm not afraid anymore.

Link 2   \| C♯m A \| B C♯m \| E A \| B C♯m \|

              \| C♯m A \| B C♯m \| E A \| B ‖

Chorus 4

D♯m B   **C♯**   **D♯m**
Ooh, baby, do you know what that's worth?

F♯ **B**   **C♯**   **D♯m**
Ooh, heaven is a place on earth.

         B   **C♯**   **D♯m**
They say in heaven love comes first,

F♯   **B**   **C♯**   **D♯m**
We'll make heaven a place on earth,

F♯ **B**   **C♯**   **D♯m**
Ooh, heaven is a place on earth.

Outro   **F♯** **B**   **C♯**   **D♯m**
          ‖: Ooh, heaven is a place on earth. :‖   *Repeat to fade*

Heaven Knows I'm Miserable Now

Words & Music by Morrissey & Johnny Marr

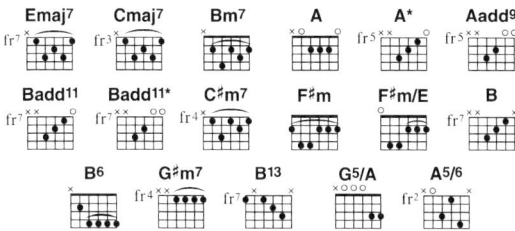

Capo second fret

Intro | Emaj7 | Cmaj7 | Bm7 | A |

| A* Aadd9 | A* Aadd9 | Badd11 Badd11* Badd11 Badd11* |

| A* Aadd9 | A* Aadd9 | Badd11 Badd11* Badd11 Badd11* |

Verse 1
Emaj7   C#m7
I was happy in the haze of a drunken hour,
    F#m   F#m/E   A*   B
But Heaven knows I'm miserable now.
       Emaj7   C#m7
I was looking for a job, and then I found a job,
    F#m   F#m/E   A*   Aadd9
And Heaven knows I'm miserable now.

Chorus 1
Emaj7 A* B
In my   life,
Emaj7   A*   G#m7
Why do I give valuable time
       C#m7   B6   A*   Emaj7 A* B A* G#m7
To people who don't care if I   live or die?

Instrumental 1 | C#m7   B6 | A*   G#m7 | Aadd9 | B13   ‖

© Copyright 1984 Artemis Muziekuitgeverij B.V/Marr Songs Limited.
Universal Music Publishing Limited (50%) (Administered in Germany by Universal Music Publ. GmbH.)/
Warner/Chappell Artemis Music Limited (50%).
All Rights Reserved. International Copyright Secured.

| | Emaj⁷   C♯m⁷
Verse 2 | Two lovers entwined pass me by,
             | F♯m   F♯m/E   A*   Aadd⁹
             | And Heaven knows I'm miserable now.
             | Emaj⁷   C♯m⁷
             | I was looking for a job, and then I found a job,
             | F♯m   F♯m/E   A*   Aadd⁹
             | And Heaven knows I'm miserable now.

| | Emaj⁷   C♯m⁷
Chorus 2 | In my life,
             | F♯m   F♯m/E   B⁶
             | Why do I give valuable time
             | Emaj⁷   C♯m⁷   F♯m   F♯m/E   B⁶
             | To people who don't care if I   live or die?

Instrumental 2 | Emaj⁷ | Cmaj⁷ | Bm⁷ | A |
| A*   Aadd⁹   A*   Aadd⁹ | Badd¹¹ Badd¹¹* Badd¹¹ Badd¹¹* |
| A*   Aadd⁹   A*   Aadd⁹ | Badd¹¹ Badd¹¹* Badd¹¹ Badd¹¹* |

| | Emaj⁷   C♯m⁷
Verse 3 | What she asked of me at the end of the day:
             | F♯m   F♯m/E   A*   B
             | Caligula would have blushed.
             | Emaj⁷   C♯m⁷
             | "You've been in the house too long," she said,
             | F♯m   F♯m/E   A*   Aadd⁹
             | And I   naturally fled.

| | Emaj⁷   A*   B
Chorus 3 | In my life,
             | Emaj⁷   A*   G♯m⁷
             | Why do I smile
             | C♯m⁷   B⁶   A*   Emaj⁷   A*   B   A*   G♯m⁷
             | At people who I'd much rather   kick in the eye?

Instrumental 3 | C♯m⁷   B⁶ | A*   G♯m⁷ | Aadd⁹ | B¹³ ‖

Verse 4

        Emaj7   **C♯m7**
I was happy in the haze of a drunken hour,
    F♯m   **F♯m/E**   **A***   **Aadd9**
But Heaven knows I'm miserable now.
       Emaj7   **C♯m7**
"You've been in the house too long," she said,
    F♯m **F♯m/E**   **B6**
And I   (naturally) fled.

Chorus 4

Emaj7 **C♯m7**
In my life,
F♯m   **F♯m/E**   **B6**
Why do I give valuable time
    Emaj7   **C♯m7**   **F♯m** **F♯m/E** **B6**
To people who don't care if I   live or die?

Coda

𝄆 **Emaj7**	**C♯m7**	**F♯m** **F♯m/E**	**B6** 𝄇
Emaj7	**Cmaj7**	**Emaj7**	**G5/A**
A5/6 (𝄐)	

Hysteria

Words & Music by Steve Clark, Phil Collen, Joe Elliott,
Robert John Lange & Rick Savage

[Chord diagrams: D, Dsus4, Gmaj7, G, Emadd9, Cadd9, G/B, Em7, D5, A5]

Intro | D Dsus4 D | Dsus4 D Dsus4 D | Gmaj7   G | Gmaj7   G |

| Emadd9 G | D Dsus4 D | D Dsus4 D ‖

(arpeggiate chords)

Verse 1
      D   Dsus4 D | Dsus4 D Dsus4
Out of touch,
 D   Gmaj7 | G Gmaj7
out of reach yeah,
       Emadd9 G   D Dsus4 D | Dsus4 D Dsus4 D
You could try,   to get closer to me.
   D   Dsus4 D | Dsus4 D Dsus4
I'm in love,
    Gmaj7   G | Gmaj7 G
I'm in deep, yeah,
      Emadd9 G   D Dsus4 D | Dsus4 D Dsus4 D
Hypno - tized, I'm shaking to my knees.

Bridge 1
Cadd9   D Dsus4
I gotta know tonight,
G/B   D Dsus4
  If you're alone tonight,
Cadd9   Cadd9 G
  Can't stop this feeling,
D
  Can't stop this fire.

© Copyright 1987 Bludgeon Riffola Limited/Out Of Pocket Productions Limited, USA.
Sony/ATV Music Publishing (UK) Limited (80%)/
Universal Music Publishing Limited (20%)
(Administered in Germany by Universal Music Publ. GmbH).
All Rights Reserved. International Copyright Secured.

Chorus 1
         Em⁷   **Cadd⁹**
Oh, I get hysterical, hysteria,
    D   **D**
Oh, can you feel it, do you be - lieve it?
        Em⁷   **Cadd⁹**
It's such a magical mys - teria,
      D   **D**
When you get that feeling, better start be - lieving,
         Em⁷   **Cadd⁹**
'Cause it's a miracle, oh say you will, ooh babe.
D
  Hysteria when you're near.

Link 1 | **D Dsus⁴ D** | **Dsus⁴ D Dsus⁴ D** | **G**   **Gmaj⁷** | **G**   **Gmaj⁷** |
(arpeggiate chords)

Verse 2
      D   **Dsus⁴ D** | **Dsus⁴ D Dsus⁴**
Out of me,
D   **Gmaj⁷** | **G Gmaj⁷**
Into you, yeah,
      Emadd⁹ G
You could hide,
         D **Dsus⁴ D** | **Dsus⁴ D Dsus⁴ D**
it's just a one way street.
      D **Dsus⁴ D** | **Dsus⁴ D Dsus⁴**
Oh, I be - lieve,
D **G**   **Gmaj⁷** | **G Gmaj⁷**
I'm in you, yeah,
      Emadd⁹ **G**   **D**
Open wide, that's right, dream me off my feet.
            Dsus⁴
Oh, believe in me.

Bridge 2   As Bridge 1

Chorus 2   As Chorus 1

Link 2 | **D** | **D** | **A⁵** | **A⁵** | **A⁵** | **A⁵** |

Guitar solo | A5 | A5 | D5 | D5 | A5 | A5 |
| D5 | D5 | A5 | A5 | D5 | D5 ‖

Bridge 3   As Bridge 1

Chorus 3
        Em7   Cadd9
Oh, I get hysterical, hysteria,
    D   D
Oh, can you feel it, do you be - lieve it?
        Em7   Cadd9
It's such a magical mys - teria,
          D   D
When you get that feeling, better start be - lieving.
        Em7   Cadd9
'Cause it's a miracle, oh say you will, ooh babe,
D   D
(Why can't you feel it? Do you believe it?)
        Em7   Cadd9
Oh, I get hysterical, hysteria,
    D   D
Oh, can you feel it, do you be - lieve it?
        Em7   Cadd9   D D
'Cause it's a miracle, oh say you will, ooh babe,   oh say you will.

Outro | D Dsus4 D | Dsus4 D Dsus4 D | G   Gmaj7 | G   Gmaj7 |
| D Dsus4 D | Dsus4 D Dsus4 D | D Dsus4 D | Dsus4 D Dsus4 D ‖
‖: D Dsus4 D | Dsus4 D Dsus4 D :‖ *Repeat to fade*

I Guess That's Why They Call It The Blues

Words & Music by Elton John, Bernie Taupin & Davey Johnstone

Intro | C Em | F | C Em | F ||

Verse 1
```
            G
            Don't wish it away,
            Em            F     C   F/C  C  F/C  C  F/C
            Don't look at it like it's for - ever,
                 C         G
            Be - tween you and me,
                        Bm
            I could honestly say,
                  G              C    F/C  C  F/C  C  F/C
            That things can only get better.
              C            G
            And while I'm a - way,
              B7                  Em
            Dust out the demons in - side,
                   Dm7       C
            And it won't be long,
                              G
            Before you and me run,
                          Am7
            To the place in our hearts,
            F           Am7
            Where we hide.
```

© Copyright 1983 HST Management Limited, Rouge Booze Incorporated and Big Pig Music Limited.
Administered by Universal Music Publishing Limited.
All rights in Germany administered by Universal Music Publ. GmbH.
All Rights Reserved. International Copyright Secured.

Chorus 1

    G/B C   G/B   F
And I guess that's why they call it the blues,

          C
Time on my hands,

      G/B   F
Could be time spent with you.

            G
Laughing like children,

           Am7
Living like lovers,

Am7/E   F   D7/F#
Rolling like thunder under the covers,

    F   Gsus4 G   C   Em F
And I guess that's why they call___ it the blues.

Verse 2

G
Just stare into space,

Em   F   C   F/C C F/C C F/C
Picture my face in your hands,

C   G
Live for each se - cond,

       Bm
Without hesi - tation,

    F   C   F/C C F/C C F/C
And never forget I'm your man,

C   G
Wait on me girl,

B7   Em   Dm7   C7
Cry in the night if it helps,___ but more than ev - er,

           G   Am7   F   G   Am7
I simply love you, more than I love___ life it - self.

Chorus 2   As Chorus 1

Instrumental | G | Em   F | C F/C C F/C | C F/C C |

                    | G | Bm7 F | C F/C C F/C | C F/C C ||

Verse 3

C   G
Wait on me girl,

B7   Em   Dm7   C7
Cry in the night if it helps,___ but more than ev - er,

           G   Am7   F   G   Am7
I simply love you, more than I love___ life it - self.

Chorus 3
        G/B   C   G/B   F
And I guess that's why they call it the blues,
               C
Time on my hands,
       G/B   F
Could be time spent with you.
          G
Laughing like children,
          Am7
Living like lovers,
Am7/E   F   D7/F#
Rolling like thunder under the covers,
      F   Gsus4 G   C
And I guess that's why they call___ it the blues.
  C   G
‖: Laughing like children,
Am7   Em7
Living like lovers,
    F   Gsus4 G   C
And I guess that's why they call___ it the blues. :‖

Outro | C   G | Am7 Em7 |
    F   Gsus4 G   C
And I guess that's why they call___ it the blues.

I Love Rock 'N' Roll

Words & Music by Alan Merrill & Jake Hooker

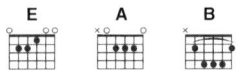

Intro | E | A B | E | A B | E N.C. | E ||

Verse 1
       E   N.C.   E
I saw him dancing there by the record machine,
     N.C.   B
I knew he must have been about seventeen.
  A   B   E   A
The beat was going strong playing my favourite song.
                                        N.C.
And I could tell it wouldn't be long till he was with me, yeah me.
                                       B
And I could tell it wouldn't be long till he was with me, yeah me,

Singing:

Chorus 1
E
I love rock 'n' roll,
              A   B
So put another dime in the juke-box, baby.
E
I love rock 'n' roll,
      A   B   E N.C. | E ||
So come on take your time and dance with me.

Verse 2
      E   N.C.   E
He smiled so I got up and asked for his name,
     N.C.   B
"That don't matter," he said, " 'cause it's all the same."
 A   B   E   A
I said, "Can I take you home, where we can be alone?"
                                  N.C.
Next we were moving on and he was with me, yeah me,
                              B
Next we were moving on and he was with me, yeah me, singing:

© Copyright 1975 RAK Publishing Limited.
All Rights Reserved. International Copyright Secured.

Chorus 2

    E
I love rock 'n' roll,

   A   **B**
So put another dime in the juke-box, baby.

    E
I love rock 'n' roll,

   A   **B**   **E** **N.C.** | **E** ||
So come on take your time and dance with me.

Guitar solo | **E** | **E** | **E** | **B** ||

Verse 3

        A   **B**   **E**   **A**
I said, "Can I take you home, where we can be alone?"

                                       N.C.
Next we were moving on and he was with me, yeah me,

And we'll moving on and singing that same old song,

Yeah with me, singing:

Chorus 3

N.C.
I love rock 'n' roll,

So put another dime in the juke-box, baby.

I love rock 'n' roll,

So come on take your time and dance with me.

Chorus 4

  ||: **E**
    I love rock 'n' roll,

   A   **B**
So put another dime in the juke-box, baby.

    E
I love rock 'n' roll,

   A   **B**
So come on take your time and dance with :|| *Play 3 times*

Outro

    E
I love rock 'n' roll,

   A   **B**
So put another dime in the juke-box, baby.

    E
I love rock 'n' roll,

   A   **B**   **E**
So come on take your time and dance with me.

I Want To Wake Up With You

Words & Music by Ben Peters

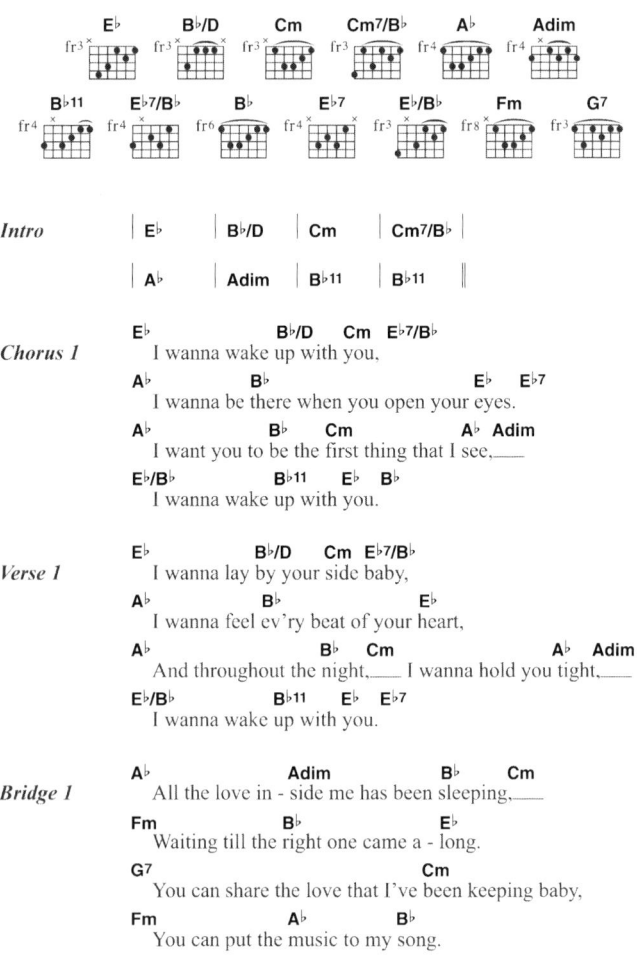

Intro | E♭ | B♭/D | Cm | Cm7/B♭ |
                | A♭ | Adim | B♭11 | B♭11   ‖

Chorus 1
    E♭   B♭/D Cm E♭7/B♭
I wanna wake up with you,
A♭   B♭   E♭ E♭7
I wanna be there when you open your eyes.
A♭   B♭   Cm   A♭ Adim
I want you to be the first thing that I see,____
E♭/B♭   B♭11   E♭   B♭
I wanna wake up with you.

Verse 1
    E♭   B♭/D Cm E♭7/B♭
I wanna lay by your side baby,
A♭   B♭   E♭
I wanna feel ev'ry beat of your heart,
A♭   B♭   Cm   A♭ Adim
And throughout the night,____ I wanna hold you tight,____
E♭/B♭   B♭11   E♭   E♭7
I wanna wake up with you.

Bridge 1
A♭   Adim   B♭   Cm
All the love in - side me has been sleeping,____
Fm   B♭   E♭
Waiting till the right one came a - long.
G7   Cm
You can share the love that I've been keeping baby,
Fm   A♭   B♭
You can put the music to my song.

© 1979 Ben Peters Music.
IQ Music Limited.
All Rights Reserved. International Copyright Secured.

Chorus 2

| E♭ | B♭/D | Cm | E♭7/B♭ |

I wanna wake up with you,

| A♭ | B♭ | | E♭ |

I wanna reach out and know that you're there.

| A♭ | B♭ | Cm | A♭ | Adim |

I want you to be the first thing that I see,——

| E♭/B♭ | B♭11 | E♭ | B♭ |

I wanna wake up with you.

Verse 2

| E♭ | B♭/D | Cm | C7/B♭ |

Tu do, do,　do,　do 'n' do.

| A♭ | B♭ | E♭ | E♭ |

Tu do, do,　do, do, do, do, do.——

| A♭ | B♭ | Cm | A♭ | Adim |

And throughout the night,—— I wanna hold you tight,——

| E♭/B♭ | B♭11 | E♭ | E♭7 |

I wanna wake up with you.

Bridge 2

| A♭ | Adim | B♭ | Cm |

All the love inside me has been sleeping,

| Fm | B♭ | E♭ |

Waiting till the right one came along,

| G7 | | Cm |

You can share the love that I've been keeping,

| Fm | A♭ | B♭11 |

You can put the music to my song.

Chorus 3　　As Chorus 2

Verse 4　　As Verse 1

Bridge 3　　As Bridge 1

Chorus 4　　As Chorus 2　　*To fade*

I Won't Let The Sun Go Down On Me

Words & Music by Nik Kershaw

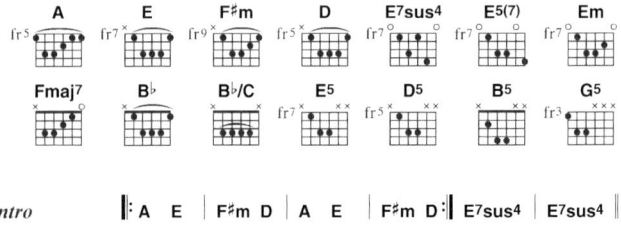

Intro   ‖: A E | F♯m D | A E | F♯m D :‖ E7sus4 | E7sus4 ‖

Verse 1
    E5(7)
Forty winks in the lobby,

Make mine a G&T,

Then to our favourite hobby,

Searching for an enemy.

Here in our paper houses,

Stretching for miles and miles,

Old men in stripy trousers,

Rule the world with plastic smiles.

Link 1 | Em | Em ‖

Pre-chorus 1
    Fmaj7
Good or bad, like it or not,
  B♭   B♭/C
  It's the only one we've got.

© Copyright 1983 Rondor Music (London) Limited/Arctic King.
All rights in Germany administered by Rondor Musikverlag GmbH.
All Rights Reserved. International Copyright Secured.

	A E F♯m D
Chorus 1	I won't let the sun go down on me,
	A E F♯m D
	I won't let the sun go down.
	A E F♯m D
	I won't let the sun go down on me,
	A E F♯m D E7sus4
	I won't let the sun go down.

Verse 2

E5(7)
Mother Nature isn't in it,

Three hundred million years,

Goodbye in just a minute,

Gone forever, no more tears.

Pinball man, power glutton,

Vacuum inside his head,

Forefinger on the button,

Is he blue or is he red?

Link 2 | Em | Em   ‖

Pre-chorus 2
Fmaj7
Break your silence if you would,
B♭   B♭/C
Before the sun goes down for good.

Chorus 2   As Chorus 1

Bridge
E5   D5
I won't let the sun go down on me,
B5   G5
I won't let the sun go down.

Instrumental | N.C.   ‖: A   E | F♯m D | A   E | F♯m D :‖

Chorus 3   As Chorus 1   *To fade*

In Between Days

Words & Music by Robert Smith

Chords: A, D, D5(maj7/9), Bm, E

Intro

|: A | D | A | D :|: A | D5(maj7/9) | A | D5(maj7/9) :|
| Bm | E | Bm | E |: A | D5(maj7/9) | A | D5(maj7/9) :|

Verse 1

A   D5(maj7/9)
Yesterday I got so old,
A   D5(maj7/9)
I felt like I could die.
A   D5(maj7/9)
Yesterday I got so old,
A   D5(maj7/9)
It made me want to cry.
A   D5(maj7/9)
Go on, go on, just walk away,
A   D5(maj7/9)
Go on, go on, your choice is made.
A   D5(maj7/9)
Go on, go on, and disappear,
A   D5(maj7/9)
Go on, go on, away from here.

Chorus 1

Bm
And I know I was wrong,
E
When I said it was true,
Bm   E
That it couldn't be me and be her inbetween,
A   D5(maj7/9) A   D5(maj7/9)
Without you, without you.

Link

| A | D5(maj7/9) | A | D5(maj7/9) |

© Copyright 1985 Fiction Songs Limited.
All Rights in Germany Administered by Musik Edition Discoton GmbH
(A Division of Universal Music Publishing Group).
All Rights Reserved. International Copyright Secured.

Verse 2
   A   **D5(maj7/9)**
   Yesterday I got so scared,
   A   **D5(maj7/9)**
   I shivered like a child.
   A   **D5(maj7/9)**
   Yesterday away from you,
    A   **D5(maj7/9)**
   It froze me deep inside.
     A   **D5(maj7/9)**
   Come back, come back, don't walk away,
     A   **D5(maj7/9)**
   Come back, come back, come back today,
     A   **D5(maj7/9)**
   Come back, come back, why can't you see,
     A   **D5(maj7/9)**
   Come back, come back, come back to me.

Chorus 2
    Bm
   And I know I was wrong,
    E
   When I said it was true,
   Bm   **E**
   That it couldn't be me and be her inbetween,
    A **D5(maj7/9) A** **D5(maj7/9)**
   Without you, without you,
    A **D5(maj7/9) A** **D5(maj7/9)**
   Without you, without you.

Outro
   ‖: **A** | **D5(maj7/9)** | **G** | **D5(maj7/9)** :‖
      A **D5(maj7/9)** **A** **D5(maj7/9)**
   ‖: Without you, without you.   :‖

It's My Life

Words & Music by Mark Hollis & Tim Friese-Greene

Chords: E♭7, B♭m7, A♭, E, Am, Dm, G, C, F, Fm7

Intro ‖: E♭7 | E♭7 | B♭m7 | A♭ :‖

Verse 1
```
E♭7           B♭m7        A♭   E♭7           B♭m7  A♭
  Funny how I___ find myself in love with you.
E♭7              B♭m7       A♭   E♭7          B♭m7  A♭
  If I could find my___ reasoning I pay to lose.
     E           Am   Dm │ G   C │
One half won't do.
     F                      Am   Dm │ G   C │
I've asked myself: how much do you,___
     F
Commit yourself?
```

Chorus 1
```
     G   Am   Dm   G        C   Am   Dm   G
It's my life,           don't you forget.
C    Am   Dm   G    C   Am   Dm   G   C
It's my life,          it never ends.
```

Link 1 | Fm7 | Fm7 | E♭7 | E♭7 | B♭m7 | A♭ ‖

Verse 2
```
E♭7           B♭m7       A♭   E♭7          B♭m7  A♭
  Funny how I___ blind myself, I never knew,
E♭7              B♭m7         A♭
  If I was sometimes___ played upon,
     E           Am   Dm │ G   C │
Afraid to lose.
         F                 Am   Dm │ G   C │
I'd tell myself what good you do,_____
         F
Convince myself:
```

© Copyright 1983 Hollis Songs Limited/Universal/Island Music Limited (75%)
(Administered in Germany by Universal Music Publ. GmbH.)/
Zomba Music Publishers Limited (25%).
All Rights Reserved. International Copyright Secured.

	G Am Dm G C Am Dm G
Chorus 2	It's my life, don't you forget.
	C Am Dm G C Am Dm G C
	It's my life, it never ends.

Instrumental ‖: B♭m7 | B♭m7 | Fm7 | Fm7 :‖

| B♭m7 | B♭m7 | Fm7 | E | Am Dm | G C ‖

Verse 3

    F
I've asked myself:
        G   Am Dm | G C |
How much do you,___
    F
Commit yourself?

	G Am Dm G C Am Dm
Chorus 3	It's my life, don't you forget.
	G C Am Dm G C Am Dm G
	Caught in the crowd, it never ends.

	C Am Dm G C Am Dm
Chorus 4	It's my life, don't you forget.
	G C Am Dm G C Am
	Caught in the crowd, it never ends.
	To fade

(Just Like) Starting Over

Words & Music by John Lennon

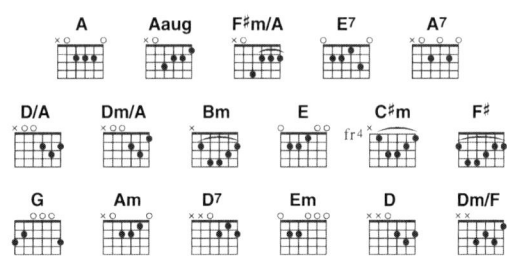

Intro
```
         A      Aaug  F♯m/A    Aaug
Our life together is so   precious together,
         A      E7         A      E7
We have grown,   we have grown.
         A         Aaug    F♯m/A
Although our love is still special,
A7                   D/A       Dm/A   A
Let's take a chance and fly away somewhere alone.
```

Verse 1
```
             A
It's been too long since we took the time,
     Aaug                          Bm      E
No-one's to blame, I know time flies so quickly!
Bm          E
  But when I see you, darling,
C♯m          F♯              Bm
  It's like we both are falling in love again.
    E               A    Aaug  A   Aaug
It'll be just like starting over,   starting over.
```

© Copyright 1980 Lenono Music.
All Rights Reserved. International Copyright Secured.

Verse 2
        A
Ev'ryday we used to make it, love,
  Aaug   **Bm**   **E**
Why can't we be making love nice and easy?
Bm   **E**   **C♯m**
  It's time to spread our wings and fly,
        F♯   **Bm**
Don't let another day go by, my love.
  E   **A**   **Aaug**   **A**   **G**
It'll be just like starting over,   starting over.

Middle
N.C.   **Am**
  Why don't we take off alone,
D7   **G**
  Take a trip somewhere far, far away?
Em   **Am**
  We'll be together all alone again,
D7   **G**
  Like we used to in the early days.
E
Well, well, darling.

Verse 3
    A
It's been too long since we took the time,
  Aaug   **Bm**   **E**
No-one's to blame, I know time flies so quickly.
Bm   **E**
  But when I see you, darling,
C♯m   **F♯**   **Bm**
  It's like we both are falling in love again.
    E   **A**   **Aaug**   **A**   **Aaug**
It'll be just like starting over,   starting over.

Outro
    A   **Aaug**   **F♯m/A**   **Aaug**
Our life together is so precious together,
    A   **E7**   **A**   **E7**
We have grown,   we have grown.

     A   **Aaug**   **F♯m/A**
Although our love is still special,
A7   **D**   **Dm/F**
Let's take a chance and fly away somewhere.

‖: **A** | **Aaug** | **A** | **Aaug** :‖   *Repeat to fade*
                                         with vocal ad lib.

Karma Chameleon

Words & Music by George O'Dowd, Jonathan Moss,
Roy Hay, Michael Craig & Philip Pickett

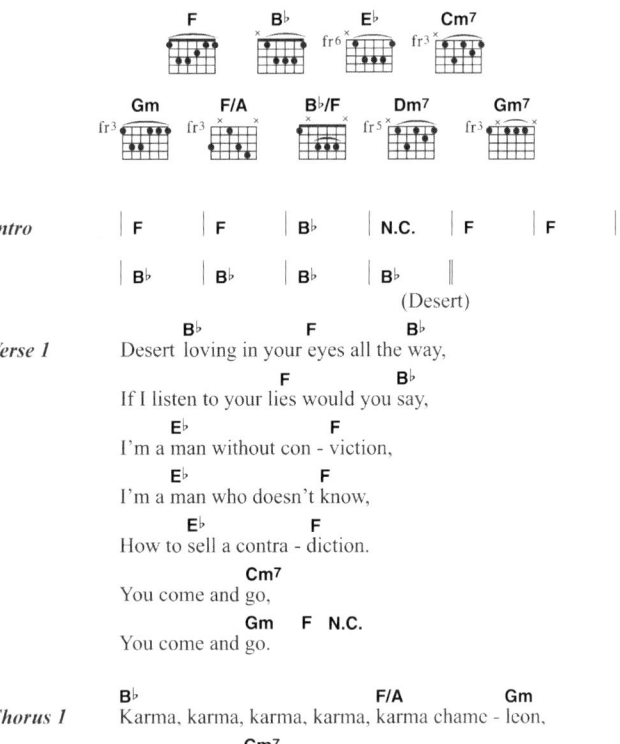

Intro | F | F | B♭ | N.C. | F | F |
| B♭ | B♭ | B♭ | B♭ ‖

Verse 1
          (Desert)
     B♭   F
Desert loving in your eyes all the way,
             F   B♭
If I listen to your lies would you say,
   E♭   F
I'm a man without con - viction,
   E♭   F
I'm a man who doesn't know,
   E♭   F
How to sell a contra - diction.
         Cm7
You come and go,
          Gm F N.C.
You come and go.

Chorus 1
B♭   F/A   Gm
Karma, karma, karma, karma, karma chame - leon,
     Cm7
You come and go,
        B♭/F F
You come and go.
B♭   Dm7   Gm
Loving would be easy if your colours were like my dream,
  Cm7
Red, gold and green,
       B♭/F F
Red, gold and green.

© Copyright 1983 EMI Virgin Music Limited (80%)/
Imagem Entertainment Limited (20%).
All Rights Reserved. International Copyright Secured.

Verse 2
         B♭   **F**   **B♭**
Didn't hear your wicked words every day,
               F   **B♭**   **B♭**
And you used to be so sweet, I heard you say.
   E♭   **F**
That my love was an ad - diction,
     E♭   **F**
When we cling our love is strong,
    E♭   **F**
When you go you're gone for - ever.
      Cm7
You string a - long,
      Gm **F**
You string a - long.

Chorus 2   As Chorus 1

Bridge 2
E♭   **Dm7**
Every day is like sur - vival,
Cm7   **Gm7**
You're my lover not my rival.
E♭   **Dm7**
Every day is like sur - vival,
Cm7   **Gm** **F**
You're my lover not my ri - val.

Harmonica solo
| **B♭** | **F** | **B♭** | **B♭** |
| **B♭** | **F** | **B♭** | **B♭** ‖
                              (I'm a)

Verse 3
        E♭   F
I'm a man without con - viction,
      E♭   F
I'm a man who doesn't know,
       E♭   F
How to sell a contra - dication.
           Cm7
You come and go,
            Gm F
You come and go.

Chorus 3
   B♭   F/A   Gm
‖: Karma, karma, karma, karma, karma chame - leon,
         Cm7
You come and go,
           B♭/F F
You come and go.
B♭   Dm7   Gm
Loving would be easy if your colours were like my dream,
        Cm7
Red, gold and green,
       B♭/F F
Red, gold and green.   :‖ *Repeat 4 times and fade*

Lay All Your Love On Me

Words & Music by Benny Andersson & Björn Ulvaeus

| Dm | A/C♯ | A7/E | B♭ | A | C/E | F |
| B♭6 | C | A7/C♯ | F6 | G | A/D | A7/D |

Intro ‖: Dm A/C♯ | Dm A/C♯ Dm A7/E | B♭ | A |
| Dm C/E F | B♭6 C | F | F :‖
| Dm | Dm | Dm | Dm |

Verse 1
    Dm
  I wasn't jealous before we met,
           C
Now every woman I see is a potential threat.
   Dm
  And I'm possessive, it isn't nice,
               C
You've heard me saying that smoking was my only vice.
    Dm
But now it isn't true,
   A7/C♯
Now everything is new.
   Dm   **A7/E**
And all I've learned has overturned.
 F6 **G**
I beg of you:

© Copyright 1980 Union Songs AB, Sweden.
Bocu Music Limited for Great Britain and the Republic of Ireland.
All rights in Germany administered by Universal Music Publ. GmbH.
All Rights Reserved. International Copyright Secured.

	Dm A/D Dm A/D Dm A7/D B♭ A
Chorus 1	Don't go wasting your e - mo-tion,
	Dm C/E F B♭6 C F
	Lay all your love on me.

Link 1 | Dm | Dm   ‖

	Dm
Verse 2	It was like shooting a sitting duck,

                                                                                                   C

A little small talk, a smile and, baby, I was stuck.

Dm

  I still don't know what you've done with me,

                                                                                                  C

A grown-up woman should never fall so easily.

 Dm

I feel a kind of fear,

    A7/C♯

When I don't have you near.

   Dm   A7/E

Unsatisfied, I skip my pride,

 F6   G

I beg you dear:

	Dm A/D Dm A/D Dm A7/D B♭ A
Chorus 2	Don't go wasting your e - mo-tion,
	Dm C/E F B♭6 C F
	Lay all your love on me.
	Dm A/D Dm A/D Dm A7/D B♭ A
	Don't go sharing your dev - o - tion,
	Dm C/E F B♭6 C F
	Lay all your love on me.

Link 2 | Dm | Dm | Dm | Dm   ‖

Verse 3
      Dm
    I've had a few little love affairs,
                                      C
They didn't last very long and they've been pretty scarce.
Dm
  I used to think that was sensible,
                               C
It makes the truth even more incomprehensible.
     Dm
'Cause everything is new,
   A7/C♯
And everything is you,
    Dm   **A7/E**
And all I've learned has overturned,
    F6   **G**
What can I do?

Chorus 3
   Dm   **A/D Dm A/D Dm A7/D B♭ A**
‖: Don't go wasting your e - mo-tion,
Dm C/E F   **B♭6 C F**
Lay all   your love on me.
Dm   **A/D Dm A/D Dm A7/D B♭ A**
Don't go sharing your dev - o - tion,
Dm C/E F   **B♭6 C F**
Lay all   your love on me. :‖ *Repeat to fade*

Livin' On A Prayer

Words & Music by Jon Bon Jovi, Richie Sambora & Desmond Child

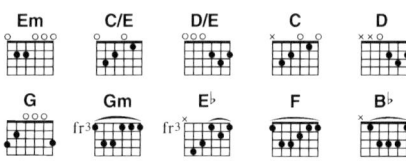

Verse 1
      Em
Tommy used to work on the docks,
                                              C/E   **D/E**
Union's been on strike, he's down on his luck, it's tough,
  Em
So tough.

Gina works the diner all day,
                                             C/E   **D/E**
Working for her man, she brings home her pay for love,
   Em
For love.

Bridge 1
                 C   **D**   **Em**
She says we've got to hold on to what we've got,
  C   **D**   **Em**
It doesn't make a difference if we make it or not,
       C   **D**   **Em** **C**
We've got each other and that's a lot for love,
  D
We'll give it a shot.

Chorus 1
  Em C   **D**
Oh,   we're half way there,
G **C** **D**
Oh,   livin' on a prayer,
Em   **C**   **D**
Take my hand, we'll make it I swear,
G **C** **D**   **Em**
Oh,   livin' on a prayer.

© Copyright 1986 Bon Jovi Publishing/PolyGram International Music Publishing Incorporated/
Aggressive Music/Sony/ATV Tunes LLC, USA.
Universal Music Publishing Limited (66.67%) (Administered in Germany by Universal Music Publ. GmbH)/
Sony/ATV Music Publishing (UK) Limited (33.33%).
All Rights Reserved. International Copyright Secured.

Verse 2

Em
Tommy got his six-string in hock,

                                                         C/E   **D/E**
Now he's holding in when he used to make it talk so tough,

    Em
It's tough.

Gina dreams of running away,

                                                   C/E   **D/E**
When she cries in the night Tommy whispers "Baby, it's O.K."

       Em
Some day.

Bridge 2   As Bridge 1

Chorus 2

Em C   **D**
Oh, we're half way there,

G **C** **D**
Oh, livin' on a prayer,

Em   **C**   **D**
Take my hand, we'll make it I swear,

G **C** **D**
Oh, livin' on a prayer,

C
Livin' on a prayer.

Guitar solo | **Em C** | **D** | **G C** | **D** |

                  | **Em C** | **D** | **G C** | **Em** |

Em   **C**   **D**   **Em**
We've got to hold on, ready or not,

      C   **D**
You live for the fight when that's all that you've got.

Chorus 3

|: **Gm E♭**   **F**
   Oh, we're half way there,

B♭ E♭   **F**
Oh, livin' on a prayer.

Gm   **E♭**   **F**
Take my hand, and we'll make it I swear,

B♭ E♭ F
Oh, livin' on a prayer. :| *Repeat to fade*

Love Will Tear Us Apart

Words & Music by Ian Curtis, Peter Hook, Bernard Sumner & Stephen Morris

A5   Em/A   Emadd11   D   Bm   A   Dsus4   Dsus2

Intro | A5 | A5 | Em/A | Em/A |
| Em/A | Em/A | Em/A | Em/A |
‖: Emadd11 D | Bm | A :‖

Verse 1
     Emadd11   D
When routine bites hard,
     Bm   A
And ambitions are low.
     Emadd11   D
And resentment rides high,
   Bm   A
But emotions won't grow.
     Emadd11   D
And we're changing our ways,
   Bm   A
Taking different roads.

Chorus 1
    Emadd11 D   Bm A
Then love,   love will tear us apart again.
Emadd11 D   Bm A
Love,   love will tear us apart again.

Link 1 | Emadd11 D | Bm | A |

© Copyright 1980 Universal Music Publishing Limited
All rights in Germany administered by Universal Music Publ. GmbH.
All Rights Reserved. International Copyright Secured.

Verse 2
        Emadd11   **D**
Why is the bedroom so cold?
       Bm   **A**
You've turned away on your side.
    Emadd11   **D**
Is my timing that flawed,
  Bm   **A**
Our respect run so dry?
    Emadd11   **D**
Yet there's still this appeal,
    Bm   **A**
That we've kept through our lives.

Chorus 2
Emadd11 D   **Bm A**
Love,   love will tear us apart again.
Emadd11 D   **Bm A**
Love,   love will tear us apart again.

Link 2
‖: Em/A | Em/A | Em/A | Em/A :‖

‖: Emadd11 D | Bm | Em/A :‖

Verse 3
    Emadd11   **D**
You cry out in your sleep,
    Bm   **A**
All my failings exposed.
     Emadd11   **D**
There's a taste in my mouth,
    Bm   **A**
As desperation takes hold.
    Emadd11   **D**
Just that something so good,
   Bm   **A**
Just can't function no more.

Chorus 3   As Chorus 2

Chorus 4   As Chorus 2

Link 3
‖: Em/A | Em/A | Em/A | Em/A :‖

Outro
‖: D Dsus4 D | D Dsus2 :‖ *Repeat to fade*

Mad World

Words & Music by Roland Orzabal

F#m   A   E   B   Badd11

Intro   *Drums for 4 bars*

Verse 1
```
         F#m                     A
         All around me are familiar faces,
     E                B
     Worn out places, worn out faces.
         F#m                         A
         Bright and early for their daily races,
     E              B
     Going nowhere, going nowhere.
         F#m                             A
         And their tears are filling up their glasses,
     E              B
     No expression, no expression.
         F#m                        A
         Hide my head I want to drown my sorrow,
     E            B
     No tommorow, no tommorow.
```

Prechorus 1
```
         F#m                    B
         And I find it kind of funny,
                F#m
     I find it kind of sad.
                             B
     The dreams in which I'm dying
                    F#m
     Are the best I've ever had.
                B
     I find it hard to tell you
                       F#m
     'Cause I find it hard to take.
                B
     When people run in circles

     It's a very, very....
```

© Copyright 1982 Roland Orzabal Limited.
Chrysalis Music Limited.
All Rights Reserved. International Copyright Secured.

Chorus 1

  F♯m B Badd11
  Mad world,

  F♯m B Badd11
  Mad world.

  F♯m B Badd11
  Mad world,

  F♯m B Badd11
  Mad world.

Verse 2

  F♯m   A
  Children waiting for the day they feel good,

  E   B
  Happy Birthday, Happy Birthday.

  F♯m   A
  Made to feel the way that every child should,

  E   B
  Sit and listen, sit and listen.

  F♯m   A
  Went to school and I was very nervous,

  E   B
  No one knew me, no one knew me.

  F♯m   A
  "Hello teacher, tell me what's my lesson?"

  E   B
  Look right through me, look right through me.

Prechorus 2   As Prechorus 1

Chorus 2   As Chorus 1

Instrumental | Badd11 | Badd11 |

       ||: F♯m | A | E | B :||

Prechorus 3   As Prechorus 1

Chorus 3   As Chorus 1

Outro ||: Badd11 | Badd11 | Badd11 :|| *Drums for 2 bars*

The Model

Words & Music by Ralf Hutter, Karl Bartos & Emil Schult

Chords: Am, Em, C, Bm, G, E

Intro ‖: Am | Em | Am | Em :‖

Verse 1
Am   Em   Am Em
She's a model and she's looking good,
    Am   Em   Am Em
I'd like to take her home that's understood.
    Am   Em   Am Em
She plays hard to get she smiles from time to time,
    Am   Em   Am Em
It only takes a camera to change her mind.

Link 1 | C | Bm | G | G |
             | C | Bm | E | E ‖

Verse 2
     Am   Em   Am Em
She's going out tonight but drinking just champagne,
  Am   Em   Am Em
And she has been checking nearly all the men.
    Am   Em   Am Em
She's playing her game and you can hear them say,
Am   Em   Am Em
She is looking good, for beauty we will pay.

© Copyright 1978 Kling Klang Musik GmbH/Hanseatic Musikverlag GmbH, Germany.
Sony/ATV Music Publishing (UK) Limited (75%)/
Warner/Chappell Music Limited (25%).
All Rights Reserved. International Copyright Secured.

Link 2	| C	| Bm	| G	| G	|
Instr. 1	|: Am	| Em	| Am	| Em	:| *Play 4 times*
Link 3	| C	| Bm	| G	| G	|

Link 2 | C | Bm | G | G |
               | C | Bm | E | E   ‖

Instr. 1   ‖: Am | Em | Am | Em :‖ *Play 4 times*

Link 3 | C | Bm | G | G |
               | C | Bm | E | E   ‖

Verse 3
         Am   Em   Am Em
She's posing for consumer products now and then,
      Am   Em   Am Em
For every camera she gives the best she can.
  Am   Em   Am Em
I saw her on the cover of a magazine,
       Am   Em   Am Em
Now she's a big success, I want to meet her again.

Instr. 2   ‖: Am | Em | Am | Em :‖ *Play 3 times*

             | Am | Em | Am | (Am) ‖
                               let ring...

Move Closer

Words & Music by Phyllis Nelson

Chords: Dmaj7, Dsus2, G, A11, A6

Intro
(spoken)

|: Dmaj7 | Dsus2 | G | A11 A :|

Dmaj7
Hey baby, you go your way,

And I'll go mine,

But in the meantime...

Verse 1

Dmaj7   Dsus2
  When we're to -gether,
G   A
  Touching each other,
Dmaj7   Dsus2
  And our bodies,
G   A   D
  Do what we feel.
Dmaj7   Dsus2
  When we're dancing,
G   A11   A
  Smooching and sway - ing,
Dmaj7   Dsus2
  Tender love songs,
G   A11   A
  Softly play - ing.

Chorus 1

A6   A
Move closer,
A6 A   A6 A
  Move your body real close,
  G   A   G
Until we__ feel like we're really making love.
A A6 A   A6 A
Ooh move closer,
A6   A
Move your body real close,
        A6 A G   A   G
Un - til we__ feel like we're really making love.

© 1985 Phyllis Nelson Music/American Summers Music, USA.
IQ Music Limited.
All Rights Reserved. International Copyright Secured.

Verse 2
      Dmaj7   **Dsus2**
    So when I say "Sugar,"
G   **A11** **A**
  And I whisper "I love you,"
Dmaj7
  Well, I know you're gonna answer in,
Dsus2
  The sweetest words saying;
           G   **A**
"My pretty lady,— I love you too."
    Dmaj7   **Dsus2**
Well,— there's much proof of passion,
Dmaj7 **Dsus2**
  Ooh, no,   no,
G   **A11** **A**
  There's no room for fears,
      Dmaj7   **Dsus2**   **Dmaj7 Dsus2 G**
When,— good love flows smoothly between us ba - by,
    A11 **A**
My dear, move. . —

Chorus 2
A   **A6 A**   **A6 A**
Move closer,
A6 A   **A6 A**
    Move your body real close,
      A6 A G   **A**   **G**
Un - til we— feel like we're really making love.
      A   **A6 A**
Ooh, move closer,
A6 A   **A6 A**
    Move your body real close,
      A6 A G   **A**   **G**
Un - til we— feel like we're really making love.

Outro | **Dmaj7** | **Dsus2** | **G** | **A11 A** ‖ *To fade*

No More Lonely Nights

Words & Music by Paul McCartney

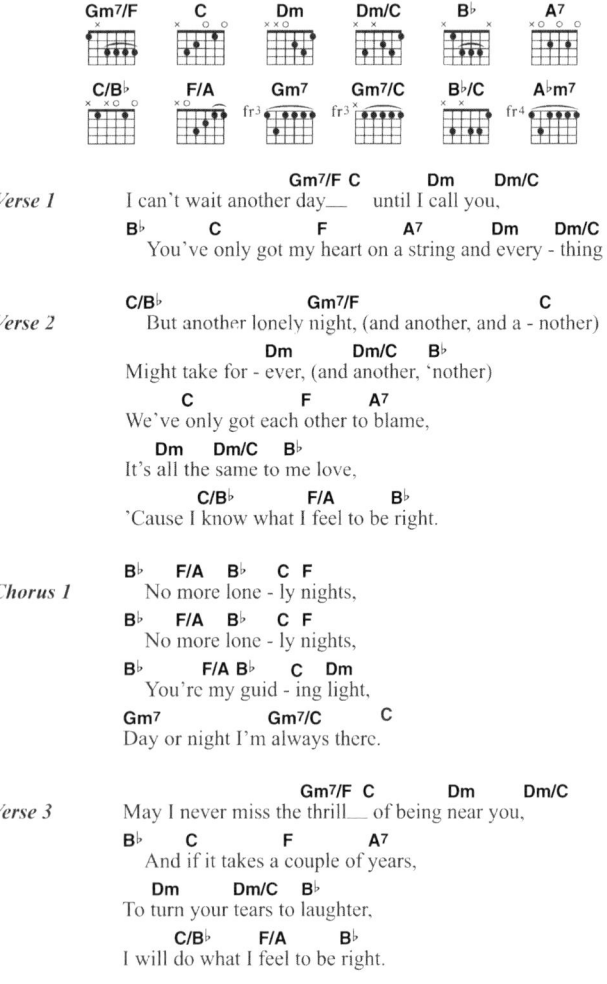

Verse 1
                                 Gm7/F C   Dm   Dm/C
I can't wait another day___ until I call you,
B♭   C   F   A7   Dm   Dm/C B♭
  You've only got my heart on a string and every - thing a-flutter.

Verse 2
        C/B♭   Gm7/F   C
  But another lonely night, (and another, and a - nother)
              Dm   Dm/C   B♭
Might take for - ever, (and another, 'nother)
       C   F   A7
We've only got each other to blame,
  Dm   Dm/C B♭
It's all the same to me love,
       C/B♭   F/A   B♭
'Cause I know what I feel to be right.

Chorus 1
  B♭   F/A B♭   C F
  No more lone - ly nights,
B♭   F/A B♭   C F
  No more lone - ly nights,
B♭   F/A B♭   C   Dm
  You're my guid - ing light,
Gm7   Gm7/C   C
Day or night I'm always there.

Verse 3
                                Gm7/F C   Dm   Dm/C
May I never miss the thrill___ of being near you,
B♭   C   F   A7
  And if it takes a couple of years,
   Dm   Dm/C   B♭
To turn your tears to laughter,
     C/B♭   F/A   B♭
I will do what I feel to be right.

© Copyright 1984 MPL Communications Limited.
All Rights Reserved. International Copyright Secured.

Chorus 2

    B♭   **F/A** **B♭**   **C** **F**
No more lone - ly nights, never be another,

  B♭   **F/A** **B♭**   **C** **F**
No more lone - ly nights,

B♭   **F/A B♭**   **C**   **Dm**
You're my guid - ing light,

Gm7   **Gm7/C**
Day or night I'm always there.

Bridge 1

      B♭/C   **C**
And I won't go away until you tell me so,

    B♭/C   **C**
No, I'll never go away.

Solo

| **Gm7/F** | **C** | **Dm** **Dm/C** | **B♭** **C** | **F** **A7** | **Dm Dm/C B♭** |

   C/B♭   **F/A**   **B♭**
Yes, I know what I feel to be right.

Chorus 3   As Chorus 2

Bridge 2

      B♭/C   **C**
And I won't go away until you tell me so,

   B♭/C   **C**
No, I'll never go away,

   B♭/C   **C**
No, I won't go away until you tell me so,

   B♭/C   **C**
No, I'll never go away,

              B♭/C **C**   **B♭/C** **C**
No more lonely nights, no, no, ooh.___

Outro Solo

‖: **A♭m7** | **A♭m7** | **A♭m7** | **A♭m7** :‖ *Repeat to fade*

Oh Yeah

Words & Music by Bryan Ferry

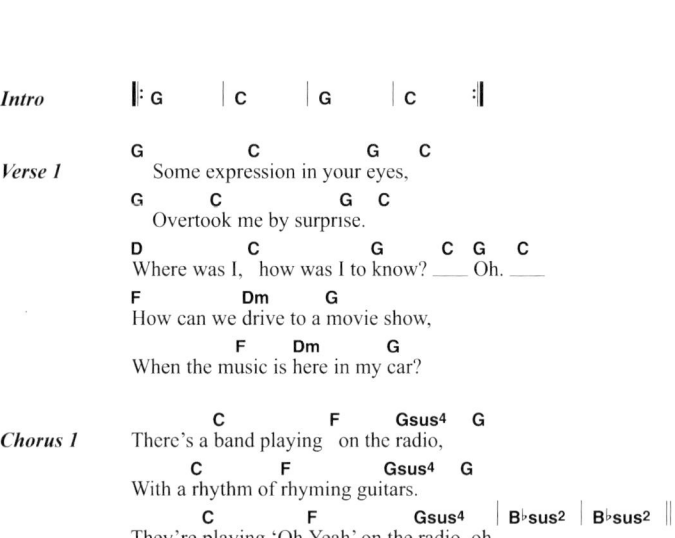

Intro ‖: G | C | G | C :‖

Verse 1
G   C   G   C
Some expression in your eyes,
G   C   G C
Overtook me by surprise.
D   C   G   C G C
Where was I, how was I to know? ___ Oh. ___
F   Dm   G
How can we drive to a movie show,
          F   Dm   G
When the music is here in my car?

Chorus 1
       C   F   Gsus4   G
There's a band playing on the radio,
      C   F   Gsus4   G
With a rhythm of rhyming guitars.
       C   F   Gsus4 | B♭sus2 | B♭sus2 ‖
They're playing 'Oh Yeah' on the radio, oh. ___

© Copyright 1980 EG Music Limited/Universal Music Publishing MGB Limited.
All Rights in Germany Administered by Musik Edition Discoton GmbH
(A Division of Universal Music Publishing Group).
All Rights Reserved. International Copyright Secured.

Verse 2
```
         G         C             G      C
           And so it came to be our song,
         G         C             G      C
           And so on through all summer long,
         D         C             G   C  G   C
         Day and night drifting into love, ___ oh. ___
         F             Dm            G
         Driving you home from a movie show,
              F            Dm           G
           So in tune to the sounds in my car.
```

Chorus 2
```
                    C          F     Gsus⁴  G
           There's a band playing  on the radio,
                    C         F       Gsus⁴  G
           With a rhythm of rhyming guitars.
                    C          F        Gsus⁴   B♭sus²   | B♭sus² |
           They're playing 'Oh Yeah' on the radio, oh, ___ oh. ___
```

Guitar solo | G | C | G | C | G | C | G | C

Verse 3
        G   **C**   **G**   **C**
It's some time since we said goodbye,
G   **C**   **G**   **C**
And now we lead our separate lives,
   D   **C**   **G** **C** **G** **C**
But where am I, where can I go? ___ Oh. ___
F   **Dm**   **G**
Driving alone to a movie show,
  F   **Dm**   **G**
So I turn to the sounds in my car.

Chorus 3
         C   **F**   **Gsus⁴** **G**
There's a band playing on the radio,
     C   **F**   **Gsus⁴** **G**
With a rhythm of rhyming guitars.
         C   **F**   **Gsus⁴** **G**
There's a band playing on the radio,
      C   **F**   **Gsus⁴** **G**
And it's drowning the sound of my tears.
      C   **F**   **Gsus⁴**
They're playing 'Oh Yeah' on the radio.

Outro
        B♭sus² **F**   **B♭sus²** **F**   **B♭sus²**
‖: Oh, ___ oh. ___ Oh, ___ oh. ___ :‖ Oh, _____ ‖

Once In A Lifetime

Words & Music by David Byrne, Brian Eno,
Jerry Harrison, Tina Weymouth & Christopher Frantz

A7sus4   A7sus4/F#   D   D/F#   G   G/A   D/A   C

Intro   ‖: A7sus4 | A7sus4/F# | A7sus4 | A7sus4/F# :‖

Verse 1
A7sus4
   And you may find yourself,
A7sus4/F#
   Living in a shotgun shack.
A7sus4
   And you may find yourself,
A7sus4/F#
   In another part of the world.
A7sus4
   And you may find yourself,
A7sus4/F#   A7sus4
   Behind the wheel of a large au - tomobile.
          A7sus4/F#
And you may find yourself in a beautiful house,
A7sus4   A7sus4/F#
 With a beauti - ful wife,
         A7sus4
And you may ask yourself... well...
A7sus4/F#   A7sus4
 How did I get here?

Chorus 1
           D   D/F# G
Letting the days go by let the water hold me down,
G/A   D   D/F# G
Letting the days go by water flowing underground,
G/A   D   D/F# G
Into the blue again after the money's gone,
G/A   D   D/F# G
Once in a lifetime water flowing underground.

© Copyright 1980 Warner/Chappell Music Limited (75%)/
Universal Music Publishing MGB Limited (25%) (Administered in Germany by Musik Edition Discoton GmbH.,
A Division of Universal Music Publishing Group).
All Rights Reserved. International Copyright Secured.

Verse 2
  A⁷sus⁴
  And you may ask yourself,
  A⁷sus⁴/F♯
  How do I work this?
  A⁷sus⁴
  And you may ask yourself,
  A⁷sus⁴/F♯
  Where is that large automobile?
  A⁷sus⁴
  And you may tell yourself,
  A⁷sus⁴/F♯
  This is not my beautiful house!
  A⁷sus⁴
  And you may tell yourself,
  A⁷sus⁴/F♯   **A⁷sus⁴**
  This is not my beautiful wife!

Chorus 2
       D   **D/F♯** **G**
  Letting the days go by let the water hold me down,
  G/A   **D**   **D/F♯** **G**
  Letting the days go by water flowing underground,
  G/A   **D**   **D/F♯**   **G**
  Into the blue again after the money's gone,
  G/A   **D**   **D/F♯** **G**
  Once in a lifetime water flowing underground.

Bridge
  |: **D/A**   **D/F♯**
   Same as it ever was... same as it ever was... :| *Play 4 times*
  A⁷sus⁴   **A⁷sus⁴/F♯**
  Water dissolving   and water removing,
  A⁷sus⁴   **A⁷sus⁴/F♯**
  There is water at the bottom of the ocean,
       A⁷sus⁴
  Under the water,   carry the water,
  A⁷sus⁴/F♯   **A⁷sus⁴ A⁷sus⁴/F♯ A⁷s**
  Remove the water at the bottom of the ocean!

Chorus 3
       D   **D/F♯** **G**
  Letting the days go by let the water hold me down,
  G/A   **D**   **D/F♯** **G**
  Letting the days go by water flowing underground,
  G/A   **D**   **D/F♯** **G**
  Into the blue again into the silent water,
  G/A   **D**   **D/F♯** **G**
  Under the rocks and stones there is water underground.
  G/A   **D**   **D/F♯** **G**
  Letting the days go by let the water hold me down.

cont.	**G/A** **D** **D/F♯** **G**

cont.
    G/A   **D**   **D/F♯** **G**
Letting the days go by water flowing underground,
    G/A   **D**   **D/F♯** **G**
Into the blue again after the money's gone,
    G/A   **D**   **D/F♯** **G**
Once in a lifetime water flowing underground.

Verse 3
    A⁷sus⁴
And you may ask yourself,
    A⁷sus⁴/F♯
What is that beautiful house?
    A⁷sus⁴
And you may ask yourself,
    A⁷sus⁴/F♯
Where does that highway go to?
    A⁷sus⁴
And you may ask yourself,
    A⁷sus⁴/F♯
Am I right? Am I wrong?
    A⁷sus⁴
And you may say to yourself,
    A⁷sus⁴/F♯   **A⁷sus⁴**
My God! What have I done?

Chorus 4
            D   **D/F♯** **G**
Letting the days go by let the water hold me down,
    G/A   **D**   **D/F♯** **G**
Letting the days go by water flowing underground,
    G/A   **D**   **D/F♯** **G**
Into the blue again into the silent water,
    G/A   **D**   **D/F♯** **G**
Under the rocks and stones there is water underground.
    G/A   **D**   **D/F♯** **G**
Letting the days go by let the water hold me down,
    G/A   **D**   **D/F♯** **G**
Letting the days go by water flowing underground,
    G/A   **D**   **D/F♯** **G**
Into the blue again after the money's gone,
    G/A   **D**   **D/F♯** **G**
Once in a lifetime water flowing underground.

Outro
‖:   **D**   **C**   **G**
Same as it ever was... same as it ever was... :‖ *Repeat to fade*

One In Ten

Words & Music by UB40

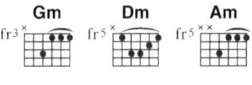

Intro ‖: Gm | Dm | Gm |[1. Dm :‖[2. Dm Am ‖

‖: Gm | Dm | Gm |[1. Dm :‖[2. Dm Am ‖
w/saxophones

Chorus 1
  Gm   **Dm**
I am the one in ten,

A number on a list.
Gm   **Dm**
I am the one in ten,
                 Gm
Even though I don't e - xist.
  Dm
Nobody knows me,
        Gm
But I'm always there,
      Dm
A statistic, a re - minder,
     Am **Gm**
Of a world that doesn't care.

Link 1 | (Gm) | Dm | Gm | Dm |

| Gm | Dm | Gm | Dm Am ‖

Verse 1   **Gm**
My arms enfold the dole queue,
     Dm
Malnu - trition dulls my hair.
Gm
My eyes are black and lifeless,
   Dm
With an underprivileged stare.
  Gm
I'm the beggar on the corner,
Dm
Will no-one spare a dime?
Gm
I'm the child that never learns to read,
Dm   **Am**   **Gm**
  'Cause no-one spared the time.

Chorus 2   As Chorus 1

Link 2   As Link 1

Verse 2   **Gm**
I'm the murderer and the victim,
  Dm
The licence with the gun.
  Gm
I'm a sad and bruised old lady,
 Dm
In an alley in a slum.
  Gm
I'm a middle aged businessman,
 Dm
With chronic heart disease.
  Gm
I'm an - other teenage suicide,
Dm   **Am** **Gm**
 In a street that has no trees.

Chorus 3   As Chorus 1

Link 3   As Link 1

Verse 3

     Gm
I'm a starving third world mother,
     Dm
A refu - gee without a home.
     Gm
I'm a housewife hooked on valium,
     Dm
I'm a pensioner alone.
     Gm
I'm a cancer ridden spectre,
     Dm
That's covering the earth.
     Gm
I'm an - other hungry baby,
   Dm   **Am**   **Gm**
I'm___ an acci - dent of birth.

Chorus 4   As Chorus 1

Link 4   As Link 1

Chorus 5

Gm   **Dm**
  I am the one in ten,

A number on a list.
Gm   **Dm**
  I am the one in ten,
                   Gm
Even though I don't e - xist.
  Dm
Nobody knows me,
           Gm
But I'm always there.
          Dm   **N.C.**
A statistic, a re - minder,

Of a world that doesn't care.

Outro   ‖: **Gm** | **Dm** | **Gm** | **Dm** :‖ *Repeat to fade*

A Pair Of Brown Eyes

Words & Music by Shane MacGowan

Intro | C | C ‖

Verse 1
      G
One summer evening drunk to hell,
 Am   **C**
I sat there nearly lifeless.
    G
An old man in the corner sang,
        C   **Am**
Where the water lilies grow.
   G
And on the jukebox Johnny sang,
 Am   **C**
A - bout a thing called love.
      G   **Am**   **C**   **G**
And it's how are you kid and what's your name,
   C   **Am**
And how would you bloody know?
  G
In blood and death 'neath a screaming sky,
 Am   **C**
I lay down on the ground,
    G
And the arms and legs of other men,
  C   **Am**
Were scattered all a - round.

© 1985 Perfect Songs Limited.
All Rights Reserved. International Copyright Secured.

cont.

         G
Some cursed, some prayed, some prayed then cursed,
   Am   C
Then prayed, then bled some more.
     G   Am   C   G
And the only thing that I could see,
                    Am   C   G
Was a pair of brown eyes that was looking at me.
              Am   C   G
But when we got back, labelled parts one to three,
            Am   C   G
There was no pair of brown eyes waiting for me.

Chorus 1

(G)   Am   C   G
And a rovin', a rovin', a rovin' I'll go,
 C   Am
For a pair of brown eyes.

Instr. ||: C | C | C | Am :||

Verse 2

G
I looked at him, he looked at me,
 Am   C
All I could do was hate him,
    G
While Ray and Philomena sang,
C   Am
Of my elusive dreams.
G
I saw the streams, the rolling hills,
  Am   C
Where his brown eyes were waiting.
         G   Am C   G
And I thought a - bout a pair of brown eyes,
C   Am
That waited once for me.
G
So drunk to hell I left the place,
   Am   C
Sometimes crawling, sometimes walking.
G
A hungry sound came across the breeze,
C   Am
So I gave the walls a talking.

	G
cont.	And I heard the sounds of long ago,

         Am   **C**
From the old ca - nal,

         G   **Am**   **C**   **G**
And the birds were whistling in the trees,

      C   **Am**
Where the wind was gently laughing.

            G   **Am**   **C**   **G**

Chorus 2   And a rovin', a rovin', a rovin' I'll go,

           Am   **C**   **G**
A rovin', a rovin', a rovin' I'll go,

           Am   **C**   **G**
And a rovin', a rovin', a rovin' I'll go,

    C   **Am**
For a pair of brown eyes,

    C   **D**   **G**
For a pair of brown eyes.

      G   **Am**   **C**   **G**

Chorus 3   And a rovin', a rovin', a rovin' I'll go,

           Am   **C**   **G**
And a rovin', a rovin', a rovin' I'll go,

           Am   **C**   **G**
And a rovin', a rovin', a rovin' I'll go,

    C   **Am**
For a pair of brown eyes,

    C   **D**   **G**
For a pair of brown eyes.   *To fade*

Pride (In The Name Of Love)

Words & Music by U2

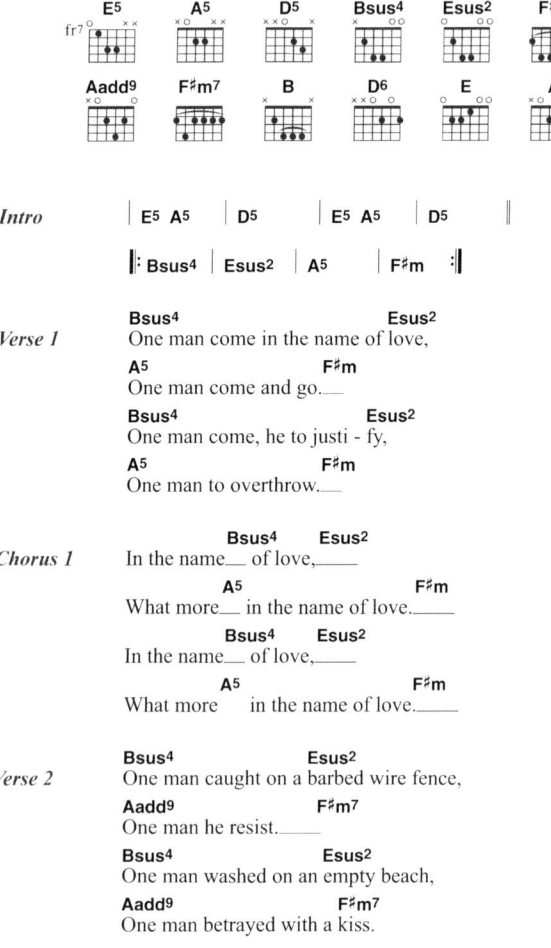

Intro | E5 A5 | D5 | E5 A5 | D5 ||

‖: Bsus4 | Esus2 | A5 | F#m :‖

Verse 1
Bsus4   **Esus2**
One man come in the name of love,
A5   **F#m**
One man come and go.
Bsus4   **Esus2**
One man come, he to justi - fy,
A5   **F#m**
One man to overthrow.

Chorus 1
               Bsus4   **Esus2**
In the name   of love,
                A5   **F#m**
What more   in the name of love.
               Bsus4   **Esus2**
In the name   of love,
                A5   **F#m**
What more   in the name of love.

Verse 2
Bsus4   **Esus2**
One man caught on a barbed wire fence,
Aadd9   **F#m7**
One man he resist.
Bsus4   **Esus2**
One man washed on an empty beach,
Aadd9   **F#m7**
One man betrayed with a kiss.

© Copyright 1984 Blue Mountain Music Limited/Mother Music/
Taiyo Music Incorporated/PolyGram International Music Publishing Limited.
All Rights Reserved. International Copyright Secured.

Chorus 2 As Chorus 1

Instrumental ‖: B | D6 | E | E :‖

| Bsus4 | Esus2 | A | F♯m7 |

| Bsus4 | Esus2 | A | F♯m7 ‖
(Mm,)

| Bsus4 | Esus2 | Aadd9 | F♯m7 ‖
Mm, mm, mm, mm, mm, mm, mm, mm, mm, mm, mm.

Verse 2
Bsus4   Esus2
   Early morning, April four,
Aadd9   F♯m7
Shot rings out in the Memphis sky.
Bsus4   Esus2
   Free at last, they__ took your life,
     Aadd9   F♯m7
They could not take your pride.____

Chorus 3
            Bsus4   Esus2
In the name__of love,____
              Aadd9   F♯m7
What more__ in the name of love.____
            Bsus4   Esus2
In the name__ of love,____
              Aadd9   F♯m7
What more__   in the name of love.____

Chorus 4 As Chorus 3

Outro ‖: Bsus4 | Esus2 | Aadd9 | F♯m7 :‖ *Play 4 times to fade w/vocal ad lib.*

Pure

Words & Music by Ian Broudie

Chord diagrams: E, Esus4, A, Asus2, B, F#m, Amaj7

Intro ‖: E | E | Esus4 | Esus4 :‖: E | E | A | Asus2 :‖

Verse 1
```
        E                           A
Night-time slows, raindrops splash   rainbows.
    Asus2       E                          A      Asus2
Perhaps someone you know, could sparkle and shine.
        E                           A
As daydreams slide colour from   shadow,
                E                        A    Asus2  A
Picture the moonglow that dazzles my eyes,
            B      A    Asus2
And I love   you.
```

Chorus 1
```
         E                          A                  F#m
    Just lying, smiling in the dark, shooting stars around your heart,
                                B                    E
Dreams come bouncing in your head, pure and simple every time.
                          A                              F#m
Now you're crying in your sleep, I wish you'd never learned to weep.
                           B
Don't sell the dreams you should be keeping,

Pure and simple every (time.)
```

Link | E | E | A | A Asus2 ‖

time.

Verse 2
```
      E                              Amaj7
Dream of sights, of sleigh-rides in seasons,
                 E                Amaj7   Asus2
Where feelings, not   reasons, can make you decide.
```

© Copyright 1989 Chrysalis Music Limited.
All Rights Reserved. International Copyright Secured.

cont.	E Amaj⁷

cont.
```
          E                                  Amaj7
    As leaves pour down, splash autumn on gardens,
          E                          Amaj7
    As colder nights harden, their moonlit delights,
        B    A    Asus2
    And I love  you.
```

Chorus 2   As Chorus 1

Chorus 3
```
      E                        A                      F#m
       Look at me with starry eyes, push me up to starry skies.
                         B                         E
    There's stardust in my head, pure and simple every time.
                            A                     F#m
    Fresh and deep as oceans new, shiver at the sight of you.
                   B
    I'll sing a softer tune, pure and simple over (you.)
```

Guitar solo | E | E | A | B | E | E | A | B ||
                you.

Bridge
```
       E
    If love's the truth then look, no lies, and let me swim around your eyes.
        Amaj7                      B
    I've found a place I'll never leave, shut my mouth and just believe.
        E
    Love is the truth, I realise, not a stream of pretty lies,
    Amaj7              B          E
       To use us up and waste our time.
```

Chorus 4   As Chorus 1

Chorus 5
```
      E                        A                      F#m
       Look at me with starry eyes, push me up to starry skies.
                         B                         E
    There's stardust in my head, pure and simple every time.
                            A                     F#m
    Fresh and deep as oceans new, shiver at the sight of you.
                   B                     A
    I'll sing a softer tune, pure and simple over you,
    B               E
    Pure and simple just for you.
```

Purple Rain

Words & Music by Prince

Chords: B♭add9/D, Gm7add11, Fsus2, E♭maj9, B♭sus2, F, B♭, E♭

Intro | B♭add9/D | Gm7add11 | Fsus2 | E♭maj7 ||

Verse 1
B♭sus2   Gm7add11
  I never meant 2 cause U any sorrow,
Fsus2   E♭maj9
  I never meant 2 cause U any pain.
B♭sus2   Gm7add11
  I only wanted one time 2 see U laughing,
 F   B♭
I only want 2 see U laughing in the purple rain.

Chorus 1
       N.C.   E♭   B♭sus2
Purple rain, purple rain, purple rain, purple rain,
Gm7add11   F
 Purple rain, purple rain.
                                       B♭
I only want 2 see U bathing in the purple rain.

Verse 2
       N.C.   B♭sus2 Gm7add11
I never wanted 2 be your weekend lover,
Fsus2   E♭maj9
  I only wanted 2 be some kind of friend, hey.
B♭sus2   Gm7add11
  Baby, I could never steal U from another.
 F   B♭
It's such a shame our friendship had 2 end.

Chorus 2
       N.C.   E♭   B♭sus2
Purple rain, purple rain, purple rain, purple rain,
Gm7add11   F
 Purple rain, purple rain.
                                         B♭
I only want 2 see U underneath the purple rain.

© Copyright 1984 Controversy Music, USA.
Universal/MCA Music Limited.
All rights in Germany administered by Universal/MCA Music Publ. GmbH.
All Rights Reserved. International Copyright Secured.

Verse 3
N.C.
Honey, I know, I know, I know times are changing,   **B♭sus2**   **Gm7add11**

Fsus2   **E♭maj9**
It's time we all reach out 4 something new, that means U 2.

B♭sus2   **Gm7add11**
U say U want a leader, but U can't seem 2 make up your mind,

  F   **B♭**
I think U better close it and let me guide U through the purple rain.

Chorus 3
N.C.   **E♭**   **B♭sus2**
Purple rain, purple rain, purple rain, purple rain.

   Gm7add11
If U know what I'm singin, about up here, come on raise your hand.

F
Purple rain, purple rain.

  B♭
I only want 2 see U, only want 2 see U in the purple rain.

Guitar solo   ‖: B♭sus2 | Gm7add11 | F | E♭maj9 :‖ B♭ ‖
                                             Play 10 times

Real Gone Kid

Words & Music by Ricky Ross

Chords: Cmaj9, C, G, Bm7, Cmaj7, B7, A9, F

Intro | Cmaj9 | Cmaj9 | Cmaj9 | Cmaj9 | Cmaj9 | Cmaj9 |

|: C | C | G | G :|

Hoo. ____

| Cmaj9 | Cmaj9 | G | G ||

Verse 1
Cmaj9   G
'Cause I'd tear out the pages, that I've got in these books,
Cmaj9   G
Just to find you some words, just to get some reward.
Cmaj9   G
And I'd show you all the photographs, that I ever got took,
Cmaj9   G
And I'd play you old 45s that now mean nothing to me.

Chorus 1
                      Bm7
And you're a real gone kid,
       Cmaj7
And maybe now baby (maybe now baby),
B7
Maybe now baby (maybe now baby),
Cmaj7
Maybe now baby (maybe now baby),
       G
I'll do what I should have did.

Link 1 | C | C | G | G ||

Hoo. ____

Verse 2
              Cmaj9   G
Now I've stood on your shadow, and I've watched it grow,
           Cmaj9   G
And it's shaken and it's driven me, and let me know, let me know.

© Copyright 1988 ATV Music Limited.
Sony/ATV Music Publishing (UK) Limited.
All Rights Reserved. International Copyright Secured.

cont. Let me know, let me know,

      Cmaj9   **G**
About all the old 45s and the paperback rooms,

      Cmaj9   **G**
And it's scattered all the photographs, of summers and suns.

      Bm7
Chorus 2 And you're a real gone kid,

      Cmaj7
And maybe now baby (maybe now baby),

B7
Maybe now baby (maybe now baby),

Cmaj7
Maybe now baby (maybe now baby),

  G
I'll do what I should have did,

               Bm7 A9
'Cause you're a real   gone kid.

Link 2 ‖: C | C | G | G :‖
                                     Hoo.____

        Cmaj9
Verse 3 ‖: I cried and I craved, hoped and I saved,

  G
And I put away those souvenirs, souvenirs, souvenirs. :‖

      Bm7
Chorus 3 You're a real gone kid,

      Cmaj7
And maybe now baby (maybe now baby),

B7
Maybe now baby (maybe now baby),

Cmaj7
Maybe now baby (maybe now baby),

  G
I'll do what I should have did.

               Bm7 A9 F | F   ‖
'Cause you're a real   gone kid.

Link 3 ‖: C | C | G | G :‖
                                       Hoo.____

                    C   **G**
Outro ‖: 'Cause you're a real gone kid. :‖ *Repeat and fade*

Pass The Dutchie

Words & Music by Jackie Mittoo, Lloyd Ferguson & Fitzroy Simpson

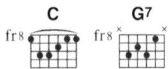

Intro
N.C.
Dis generation,

Rules de nation,

With version.

Music happens to be the food of love,

Sounds to really make you rub and scrub.

Link 1
      C   **G7**
San - budang, budang, bidillybump, bidilly - bump,
                                     C   **G7**
Bumpbidilly, bidilly, bidilly, bidilly, bidilly, bidilly bump I say,

Chorus 1
  C   **G7**
Pass the Dutchie on the left hand side,
        C   **G7**
(I say) Pass the Dutchie on the left hand side,
  C   **G7**
It a go burn, (give me music make me jump and prance),
  C   **G7**
It a go done, (give me the music make me rock in the dance).

Verse 1   C   G7   C
It was a cool and lovely breezy after - noon,
                             G7
(How does it feel when you've got no food?)
             C   G7   C
You could feel it 'cause it was the month of June.
                             G7
(How does it feel when you've got no food?)
       C   G7   C
So I left my gate and went out for a walk,
                             G7
(How does it feel when you've got no food?)
      C   G7   C
As I pass the dreadlocks' camp I heard them say.
                             G7
(How does it feel when you've got no food?)

Chorus 2   As Chorus 1

Link 2   C   G7
San - bung, bidillybump, bidilly - bump, bumpbump,
                          C   G7
Bidillybump, bidilly bidilly - bump, yeah.

Verse 2   C   G7   C
So I stopped to find out what was going on.
                             G7
(How does it feel when you've got no food?)
          C   G7   C
'Cause the spirit of Jah, you know he leads you on,
                             G7
(How does it feel when you've got no food?)
               C   G7   C
There was a ring of dreads and a session was there in swing,
                             G7
(How does it feel when you've got no food?)
         C   G7   C
You could feel the chill as I seen and heard them say,
                             G7
(How does it feel when you've got no food?)

Chorus 3   As Chorus 1

Bridge 1	**C** **G7** 'Cause me say listen to the drummer, me say listen to the bass, **C** **G7** Give me little music make me wind up me waist. **C** **G7** Me say listen to the drummer, me say listen to the bass, **C** **G7** Give me little music make me wind up me waist, I say.
Chorus 4	As Chorus 1
Bridge 2	**C** **G7** **C** **G7** You play it on the radio, a so me say, we a go hear it on the stereo, **C** **G7** A so me know you a go play it on the disco, **C** **G7** A so me say we a go hear it on the stereo.
Chorus 5	**N.C.** Pass the Dutchie on the left hand side, (I say) Pass the Dutchie on the left hand side, **C** **G7** It a go burn, (give me the music make me jump and prance), **C** **G7** It a go done, (give me the music make me rock in the dance).
Outro	**G7** **C** On the left hand side, (I say) **G7** **C** On the left hand side, (I say) **G7** **C** On the left hand side, **G7** **C** On the left hand side, **G7** On the left hand side. **C** **G7** ‖: Me say east, say west, say north and south, **C** **G7** This is gonna really make us jump and shout. :‖ *Repeat to fade ad lib.*

Rebel Yell

Words & Music by Billy Idol & Steve Stevens

Chord diagrams: Bm, G, F#m, E, D, A, D/A, Gmaj7, Em7

Intro | Bm | Bm | Bm | Bm | G | F#m | E | E |
          | G | F#m | E | E D A | Bm | Bm | Bm | Bm ||

Verse 1
Bm
Last night a little dancer came dancing to my door,
D/A   **Gmaj7**   **Em7**   **D A**
Last night a little angel came pumping on the floor.
Bm
She said, "A-come baby, I've got a license for love,
D/A   **Gmaj7**   **Em7**   **D A**
And if it expires pray help from above,   because:"

Chorus 1
Bm
In the midnight hour she cried "More, more, more."
D/A   **Gmaj7**   **Em7**   **D A**
With a rebel yell she cried "More, more, more."
Bm
In the midnight hour, babe, more, more, more.
D/A   **Gmaj7**   **Em7**   **D**   **A**   **Bm**
With a rebel yell "More, more, more, more, more, more."

| Bm | Bm | Bm ||

Verse 2
Bm
She don't like slavery, she won't sit and beg,
D/A   **Gmaj7**   **Em7**   **D A**
But when I'm tired and lonely she sees me to bed.

© Copyright 1982 Boneidol Music/WB Music Corporation, USA.
Chrysalis Music Limited (50%)/
Warner/Chappell Music Limited (50%).
All Rights Reserved. International Copyright Secured.

cont.

    Bm
    What set you free and brought you to me, babe?
D/A   **Gmaj7**   **Em7**   **D** **A**
    What set you free, I need you here by me be - cause:

Chorus 2

    Bm
    In the midnight hour she cried "More, more, more."
D/A   **Gmaj7**   **Em7** **D A**
    With a rebel yell she cried "More, more, more."
    Bm
    In the midnight hour, babe, more, more, more.
D/A   **Gmaj7**   **Em7**
    With a rebel yell "More, more, more."

| **G** | **F♯m** ‖

Bridge

E
    He lives in his own heaven,
G F♯m E
    Collects it to go from the 7-11.
G F♯m   **E**
    Well, he's out all night to collect a fare,
G F♯m   **Em7**   **D**   **A Bm**
    Just so long, just so long it don't mess up his hair._____

Guitar solo   ‖: **Bm** | **Bm** | **Bm** | **Bm** |

                      | **D/A** | **D/A** | **Gmaj7** | **Em7** **D A** :‖

Link   *Drums for 8 bars*

Verse 3

    Bm
    I walk the ward for you, babe.
D/A   **Gmaj7** **Em7** **D A**
    A thousand miles with you.
    Bm
    I dried your tears of pain,
D/A **Gmaj7**   **Em7** **D A**
    A million times for you.
    Bm
    I'd sell my soul for you, babe,
D/A   **Gmaj7** **Em7** **D A**
    For money to burn for you.

	Bm
cont.	I'd give you all and have none, babe,

           D/A
Just a, just a, just a, just a,
         Gmaj7   **Em7**   **D A**
To have you here by me   because:

Bm

Chorus 3   In the midnight hour she cried "More, more, more."

D/A   **Gmaj7**   **Em7**   **D A**
  With a rebel yell she cried "More, more, more."

Bm
In the midnight hour, babe, more, more, more.

D/A   **Gmaj7**   **Em7** **D**   **A**   **Bm**
  With a rebel yell she cried "More, more, more, more, more, more."

| **Bm** | **Bm** | **Bm** ||

Bm   **D/A**   **Gmaj7**

Outro   Ooh yeah, a little baby, she want more,

Em7   **D**   **A**   **Bm**
More, more, more, more, more.

Ooh yeah, a little angel,

  D/A   **Gmaj7 Em7**   **D**   **A**
  She want more,   more, more, more, more, (more.)

| **Bm** | **Bm** | **Bm** | **Bm A** | **Bm** ||
more.

Relax

Words & Music by Peter Gill, Holly Johnson & Mark O'Toole

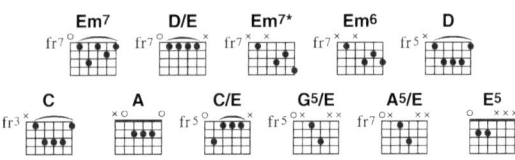

Intro
       Em7
       My,____

Give it to me one time now.
D/E
Well,____
Em7
Woah,____
D/E
Well,____

Now.____

Chorus 1
       Em7
Re - lax, don't do it when you want to go to it,
    D/E
Re - lax, don't do it when you want to come.
    Em7
Re - lax, don't do it when you want to suck to it,
    D/E
Re - lax don't do it,
                      Em7 Em7* Em6 Em7
When you want to come,
                        Em7* Em6 Em7
When you want to come.

© Copyright 1984 Perfect Songs Limited.
All Rights Reserved. International Copyright Secured.

	Em7
Chorus 2	Re - lax, don't do it when you want to go to it,

                    D/E
                Re - lax, don't do it when you want to come.

                    Em7
                Re - lax, don't do it when you want to suck to it,

                    D/E
                Re - lax, don't do it,

                                Em7
                When you want to come.

                  Em7* Em6 Em7
Link 1   Ah――― come.

                  Em7* Em6 Em7 Em6 Em7
                Woah._____

                  Em7
Bridge   But shoot it in the right direction,

                      D
                Make making it your intention.

                  C
                Live those dreams,

                Scheme those schemes,

                      A
                Got to hit me,

                Hit me,

                Hit me with those laser beams.

	Em⁷ Em⁷* Em⁶
Link 2	Aw aw aw,
	Em⁷ Em⁷* Em⁶
	Laser beams,
	Em⁷ Em⁷* Em⁶
	Ah ah ah,
	Em⁷ Em⁷* Em⁶
	One, Two.

            Em⁷   **D/E**
Chorus 3   Re - lax,

Don't do it,
      C/E   **D/E**
Re - lax,
                    Em⁷
When you want to come.

Come.

Link 3   **Em⁷ Em⁷* Em⁶**
                   Woo,
    Em⁷ Em⁷* Em⁶
          Ah, ah, ah, ah, ah, ah, ah,
    Em⁷ Em⁷* Em⁶
     I'm coming, I'm coming, hey, hey, hey, hey, hey.
    Em⁷ Em⁷* Em⁶
              Hah, hah, hah.

            Em⁷
Chorus 4   Re - lax don't do it when you want to go to it,
           D/E
Re - lax don't do it when you want to come,
           Em⁷
Re - lax don't do it when you want to suck to it,
           D/E
Re - lax don't do it,
                        G⁵/E   **A⁵/E**   **E⁵**
When you want to come,
                        G⁵/E   **A⁵/E**   **E⁵**
When you want to come,
                        G⁵/E   **A⁵/E**   **E⁵**
When you want to come.
E⁵
Come.
N.C.
Huh!

| *Instrumental* | Em⁷ | Em⁷ | Em⁷* Em⁶ | Em⁷ |
| | Em⁷* Em⁶ | Em⁷ | Em⁷* Em⁶ | Em⁷ ||

Chorus 5

Em⁷
Re - lax, don't do it when you want to go to it,
D/E
Re - lax, don't do it.
Em⁷
Re - lax, don't do it when you want to suck to it,
D/E
Re - lax, don't do it.

Em⁷
(Synth and FX outro)

Rock The Casbah

Words & Music by The Clash

Dm   Am   G   Em   C   F

Intro ‖: Dm | Am G | Em F | Em C :‖

Verse 1
       Am   Em
Now the king told the boogie men,
      G   Dm
You have to let that raga drop.
     Am   Em
The oil down the desert way,
      G   Dm
Has been shaken to the top.
     Am   Em
The sheik he drove his Cadillac,
        G   Dm
He went a-cruising down the ville.
     Am   Em
The muezzin was a-standing.
      F   N.C.   F N.C.
On the radia - tor grille.

Chorus 1
      Dm | Am G |
The sharif don't like it,
Em   F   Em   C
Rockin' the Casbah, rock the Casbah.
      Dm | Am G |
The sharif don't like it,
Em   F   Em   C
Rockin' the Casbah, rock the Casbah.

© Copyright 1982 Nineden Limited/Universal Music Publishing Limited.
All rights in Germany administered by Universal Music Publ. GmbH.
All Rights Reserved. International Copyright Secured.

Verse 2

      Am   **Em**
By order of the prophet,
  G   **Dm**
We ban that boogie sound.
      Am   **Em**
De - generate the faithful,
    G   **Dm**
With that crazy Casbah sound.
     Am   **Em**
But the Bedouin they brought out, the electric camel drum.
 G   **Dm**
The local guitar picker, got his guitar picking thumb.
    Am   **Em**
As soon as the sharif had cleared the square,
F   **N.C.**   **F N.C.**
They be - gan to wail.____

Chorus 2   As Chorus 1

Verse 3

    Am   **N.C.**
Now over at the temple,
    Am   **N.C.**
Oh, they really pack 'em in.
    Am   **N.C.**
The in crowd say it's cool,
      Am   **N.C.**
To dig this chanting thing.
    F   **N.C.**
But as the wind changed direction,
F   **N.C.** **G**
The temple band took five.
  Am   **N.C.**
The crowd caught a whiff,
  Am   **N.C.**
Of that crazy Casbah jive.

Chorus 2   As Chorus 1

Verse 4
    Am   **Em**
The king called up his jet fighters,
   G   **Dm**
He said: "You better earn your pay.
    Am   **Em**
Drop your bombs between the minarets,
   G   **Dm**
Down the Casbah way."
  Am   **Em**
As soon as the sharif was chauffeured outta there,
  G   **Dm**
The jet pilots tuned to the cockpit radio blare.
  Am   **Em**
As soon as the sharif was outta their hair,
  F   **N.C.**   **F N.C.**
The jet pi - lots wailed.____

Chorus 4
𝄆   **Dm** | **Am G** |
   The sharif don't like it,
Em   **F**   **Em**   **C**
Rockin' the Casbah, rock the Casbah.
   Dm | **Am G** |
The sharif don't like it,
Em   **F**   **Em**   **C**
Rockin' the Casbah, rock the Casbah. 𝄇   *Repeat to fade*

Self Control

Words by Stephen Piccolo
Music by Giancarlo Bigazzi & Raffaele Riefolo

F#m C#m E Bm D A

Intro *Drums + Synth N.C.*
4

‖: F#m | C#m :‖

Verse 1
      F#m   C#m
Oh, the night is my world,
    F#m   C#m
City lights painted girl,
    E   Bm
In the day nothing matters.
   D   A
It's the night time that flatters.
   F#m   C#m
In the night, no con - trol,
     F#m   C#m
Through the wall something's breaking,
   E   Bm
Wearing white as you're walking,
  D   A
Down the street of my soul.

Verse 2
F#m   C#m
  You take my self, you take my self control,
F#m   C#m
  You got me living only for the night,
E   Bm
  Before the morning comes, the story's told,
D   A
  You take my self, you take my self control.
F#m   C#m
  Another night, another day goes by,

© Copyright 1984 Edizioni Suvini Zerboni, Italy.
Sugar Songs UK Limited.
Administered by Chelsea Music Publishing Company Limited.
All Rights Reserved. International Copyright Secured.

	F♯m C♯m
cont.	I never stop myself to wonder why,

        E   Bm
     You help me to forget to play my role,
    D   A
     You take my self, you take my self control.

Chorus 1

    F♯m C♯m   F♯m
I, I live among the creatures of the night,
 C♯m   E
I haven't got the will to try and fight,
  Bm   D
A - gainst a new tomorrow, so I guess I'll just believe it,
    A
That to - morrow never comes.
     F♯m   C♯m   F♯m
A safe night, I'm living in the forest of my dream,
 C♯m   E
I know the night is not as it would seem,
 Bm   D
I must believe in something, so I'll make myself believe it,
   A
That this night will never go.

Link 1

         F♯m
Oh-oh-oh,
        C♯m
Oh-oh-oh,
        F♯m
Oh-oh-oh,
        C♯m
Oh-oh-oh,
N.C.
Oh-oh-oh, oh-oh-oh, oh-oh-oh, oh-oh-oh

Verse 3

     F♯m   C♯m
Oh, the night is my world,
  F♯m   C♯m
City lights painted girl,
 E   Bm
In the day nothing matters,
   D   A
It's the night time that flatters.

Chorus 2

    F♯m C♯m   F♯m
I, I live among the creatures of the night,
  C♯m   E
I haven't got the will to try and fight,
   Bm   D
A - gainst a new tomorrow, so I guess I'll just believe it,
     A
That to - morrow never knows.

      F♯m   C♯m   F♯m
A safe night, I'm living in the forest of a dream,
 C♯m   E
I know the night is not as it would seem,
 Bm   D
I must believe in something, so I'll make myself believe it,
   A
That this night will never go.

Link 2

        F♯m
Oh-oh-oh,

        C♯m
Oh-oh-oh,

        F♯m
Oh-oh-oh,

        C♯m
Oh-oh-oh,

Oh-oh-oh,___

Outro

‖: F♯m   C♯m
    You take my self, you take my self control,
F♯m   C♯m
 You take my self, you take my self control,
F♯m   C♯m
  You take my self, you take my self control.___ :‖ *Repeat to fade*

She Bangs The Drums

Words & Music by John Squire & Ian Brown

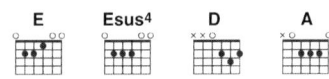

Intro ‖: E | E Esus4 :‖

Verse 1
    E   Esus4 E
I can feel the earth begin to move,
               Esus4 D
I hear my needle hit the groove.

And spiral through another day,
             E
I hear my song begin to say:
           Esus4 E
"Kiss me where the sun don't shine,
               Esus4 D
The past was yours but the future's mine,

You're all out of time."

Verse 2
    E   Esus4 E
I don't feel too steady on my feet,
      Esus4 D
I feel hollow, I feel weak.

Passion fruit and Holy bread,
            E
Fill my guts and ease my head.
      Esus4 E
Through the early morning sun,
      Esus4 D
I can see her, here she comes,

She bangs the drums.

© Copyright 1989 Zomba Music Publishers Limited.
All Rights Reserved. International Copyright Secured.

Chorus 1

    A   **D**   **A**
Have you seen her, have you heard?
            D   **A**
The way she plays, there are no words,
  D   **E**
To describe the way I feel.
A   **D**   **A**
How could it ever come to pass?
       D   **A**
She'll be the first, she'll be the last,
  D   **E**
To describe the way I feel, the way I feel.

Instrumental

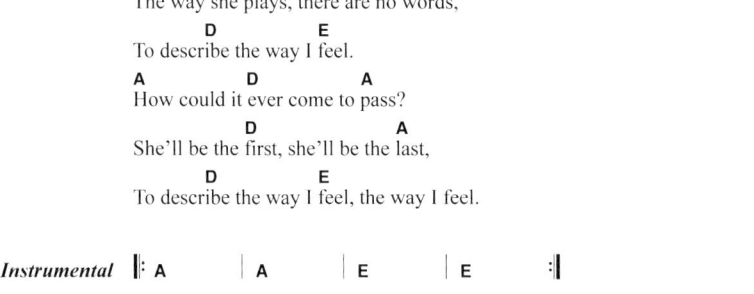

Chorus 2   As Chorus 1

Chorus 3   As Chorus 1

Outro   *Instrumental as Chorus to fade*

She's In Parties

Words & Music by Daniel Ash, Kevin Haskins, Peter Murphy & David Jay

| Am | F | E | D | C | A5 | Am* | F* |

Intro | (F) | (F) |: *Am | F | Am | F :|
(fade in)   *implied harmony throughout*

Verse 1
    Am   F
Learning lines in the rain,
    Am   F   Am
Special effects by lunatic and drinks,
             F
The graveyard scene,
    Am   F
The golden years.

Chorus 1
    Am   F   Am | F |
She's in parties, it's in the can,
            Am F   Am | F |
She's in parties, it's in the can.

Link | Am | F | Am | F |

Verse 2
    Am   F
Freeze frame, screen kiss,
    Am   F
Hot heads under silent wigs,
    Am   F
Fall guys tumble on the cutting room floor,
    Am   F
Look-a-likes fall on the cutting room door.

Chorus 2   As Chorus 1

Bridge 1

   E
Learning lines in the rain,

 D   **C**
Special effects by lunatic and drinks,

 E
Freeze frame, screen kiss,

     D
Hot head, lights and powder,

   C
It's blatantly obvious.

Chorus 3 As Chorus 1

Instr. | **A⁵** | **A⁵** ‖: **Am** | **F** | **Am** | **F** :‖

Verse 3

Am*   **F***
Hot lines under a rain of drums,

Am*   **F***
Cigarette props in action.

Am*   **F***
Dialogue dub, now here's the rub,

Am* **N.C.**
She's acting her reaction.

Chorus 4 As Chorus 1

Bridge 2 As Bridge 1

Chorus 5

Am   **F** **Am** | **F**
She's in parties, it's in the can,

Am   **F** **Am** | **F**
She's in parties, it's in the can. She's in

Outro ‖: **Am** | **F** | **Am** | **F** :‖

parties.   *(1° only)* She's in

| ⌢
| **Am** ‖

Stray Cat Strut

Words & Music by Brian Setzer

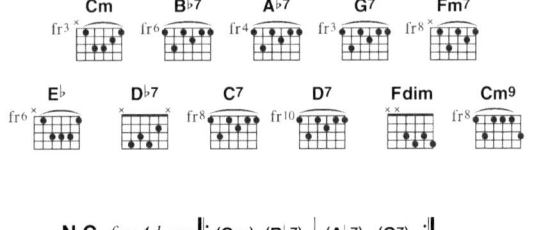

Intro N.C. *for 4 bars* ‖: (Cm) (B♭7) | (A♭7) (G7) :‖
        Cm   B♭7   A♭7   G7
‖: Oooh, oooh, oooh, oooh. :‖ *Play 4 times*

Verse 1
Cm   B♭7   A♭7   G7 Cm B♭7 | A♭7 G7 |
Black and orange stray cat sitting on a fence,
Cm   B♭7   A♭7   G7 Cm B♭7 | A♭7 G7 |
Ain't got enough dough to pay the rent.
Cm   B♭7   A♭7   G7
I'm flat broke but I don't care.
Cm   N.C.
I strut right by with my tail in the air.

Chorus 1
Fm7   E♭   D♭7   C7
Stray cat strut, I'm a (lady's cat).
Fm7   E♭   D♭7   C7
I'm a feline Casanova, (hey man that's sad).
Fm7   E♭   D♭7   C7
Get a shoe thrown at me from a mean old man,
Fm N.C.
Get my dinner from a garbage can.

Link 1 | Cm B♭7 | A♭7 G7 | Cm B♭7 | A♭7   G7   ‖
                                                   (Yeah, don't cross my path.)

Guitar solo | Cm B♭7 | A♭7 G7 | Cm B♭7 | A♭7 G7 |
                   | Cm B♭7 | A♭7 G7 | Cm N.C. | N.C. ‖

	Fm⁷ Cm
Bridge 1	I don't bother chasing mice around.
	Fm⁷
	I slink down the alley, looking for a fight,
	D⁷ Fdim
	Howling to the moonlight on a hot summer night.

	Cm B♭7 A♭7 G⁷
Chorus 2	Singing the blues while the lady cats cry,
	Cm B♭7 A♭7 G⁷
	Wild stray cat, you're a real gone guy.
	Cm B♭7 A♭7 G⁷
	I wish I could be as carefree and wild,
	Cm N.C.
	But I got cat class, and I got cat style.

Link 2   ‖: Cm B♭7 | A♭7 G⁷ :‖: Cm | A♭7 G⁷ | Cm | A♭7 G⁷ :‖

Guitar solo | Cm B♭7 | A♭7 G⁷ | Cm B♭7 | A♭7 G⁷ | Cm B♭7 | A♭7 G⁷ |

| Cm N.C. | N.C. ‖

	Fm⁷ Cm
Bridge 2	I don't bother chasing mice around.
	Fm⁷
	I slink down the alley, looking for a fight,
	D⁷ Fdim
	Howling to the moonlight on a hot summer night.

	Cm B♭7 A♭7 G⁷
Chorus 3	Singing the blues while the lady cats cry,
	Cm B♭7 A♭7 G⁷
	Wild stray cat, you're a real gone guy.
	Cm B♭7 A♭7 G⁷
	I wish I could be as carefree and wild,
	Cm N.C.
	But I got cat class, and I got cat style.

Outro | (Cm) | (A♭7) (G⁷) | Cm N.C. | Cm⁹   ‖

Summer Of '69

Words & Music by Bryan Adams & Jim Vallance

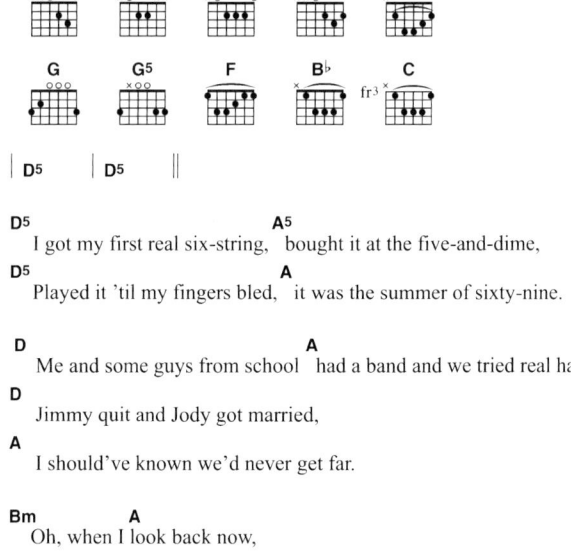

Intro | D5 | D5 ||

Verse 1
D5   A5
I got my first real six-string,   bought it at the five-and-dime,
D5   A
Played it 'til my fingers bled,   it was the summer of sixty-nine.

Verse 2
D   A
Me and some guys from school   had a band and we tried real hard,
D
Jimmy quit and Jody got married,
A
I should've known we'd never get far.

Chorus 1
Bm   A
Oh, when I look back now,
D   G
That summer seemed to last forever,
Bm   A
And if I had the choice,
D   G
Yeah, I'd always wanna be there.
Bm   A   D   A
Those were the best days of my life.

Verse 3
D   A
Ain't no use in complaining,   when you got a job to do.
D
Spent my evenings down at the drive-in,
A
And that's when I met you, yeah!

© Copyright 1984 Almo Music Corporation/Adams Communications Incorporated/
Testatyme Music/Irving Music Corporation, USA.
Rondor Music (London) Limited.
All rights in Germany administered by Rondor Musikverlag GmbH.
All Rights Reserved. International Copyright Secured.

Chorus 2

    Bm   A
   Standing on your Mama's porch,
D   G
   You told me that you'd wait forever.
Bm   A
   Oh, and when you held my hand,
D   G
   I knew that it was now or never.
Bm   A   D   A
   Those were the best days of my life, oh yeah,
                       D   A
Back in the summer of sixty-nine.

Bridge

F   B♭   C
   Man, we were killing time, we were young and restless,
   B♭
We needed to unwind.
F   B♭   C
   I guess nothing can last forever, forever, no.

| D | D | A | A | D | D | A | A ||

Verse 4

D
   And now the times are changing,
A
   Look at everything that's come and gone.
D
   Sometimes when I play that old six-string,
A
   I think about you, wonder what went wrong.

Chorus 3

Bm   A
   Standing on your Mama's porch,
D   G
   You told me it would last forever.
Bm   A
   Oh, and when you held my hand,
D   G
   I knew that it was now or never.
Bm   A   D   A
   Those were the best days of my life, oh yeah,
                       D   A
Back in the summer of sixty-nine.

Outro

| D | D | A | A ||

Play riff with vocal to fade ad lib.

The Sun Always Shines On TV

Words & Music by Pal Waaktaar

Chord diagrams: Em, Am, F, C, G, Am/G, A, Dm6/A, E7♭9/A, D, Amadd9, Dm6, Dm, Dm6/F, F6, Bdim, Gsus4, C/E, Am6/9

Intro ‖: Em | Am F | C | G :‖

Chorus 1
```
     Em   Am F C           G
    Touch me,    how can it be?
     Em   Am F   C              G
    Believe me,   the sun always shines on T.V.
     Em  Am F C       G
    Hold me,    close to your heart,
     Em   Am F Am       Am/G    F G
    Touch me,    give all your love to me,
     Em  A Dm6/A  E7♭9/A
       To me._____
```

Link 1 | E7♭9/A | E7♭9/A | E7♭9/A | E7♭9/A | E7♭9/A |

‖: Am | Am D | Am | Am D :‖

| Amadd9 | Amadd9 Am | Dm6 | Dm6 Dm |

| Amadd9 | Amadd9 Am | Dm6 | Dm6/F F6 |

| Am | Am D | Am | Am D ‖

Verse 1

    Am   **Bdim**
  I reached inside myself,

      Dm   **Gsus⁴**
And found nothing there,

G   **C/E**
To ease the pressure off,

Am   **Am/G**   **F⁶**   **D F**
My ever worrying mind, oh.___

Am   **Bdim**   **Dm**
  All my powers waste away,

        Gsus⁴   **G**   **C/E**
I fear the crazed and lonely looks,

            Am   **Am/G**   **F⁶**   **D F**
The mirror's sending me these days, oh.___

Chorus 2

Em   **Am F C**   **G**
Touch me,   how can it be?

  Em   **Am F**   **C**   **G**
Believe me,   the sun always shines on T.V.

Em   **Am F**   **C**   **G**
Hold me,   close to your heart,

Em   **Am F Am**   **Am/G**   **F G**
Touch me,   give all your love to me.___

Link 2

| **Am** | **Am D** | **Dm⁶** | **Dm⁶/F F⁶** ‖

Verse 2

Am   **Bdim**   **Dm**
  Please don't ask me to defend,

         Gsus⁴
The shameful lowlands,

G   **C/E**
Of the way I'm drifting,

Am   **Am/G**   **F⁶**   **D F**
Gloomily through time, oh.___

Am   **Bdim**   **Dm**
  I reached inside myself today,

            Gsus⁴   **G**   **C/E**
Thinking there's got to be some way,

         Am   **Am/G**   **F Dm**
To keep my troubles distant.

Chorus 3
    Em   Am F C   G
    Touch me,   how can it be?
      Em   Am F   C   G
    Believe me,   the sun always shines on T.V.
    Em   Am F C   G
    Hold me,   close to your heart,
    Em   Am F Am   Am/G   F G
    Touch me,   give all your love to me___

Link 3 | Amadd9 | Amadd9 | Am | Am |

           | Am6/9 | Am6/9 | Am6/9 | Am ‖

Instrumental ‖: Em | Am F | C | G :‖

Chorus 4
    Em   Am F C   G
    Hold me,   close to your heart,
    Em   Am F Am   Am/G   F G
    Touch me,   give all your love to me,___
    Em D   Amadd9 D Amadd9 D
        To me._____

           | Amadd9 | Amadd9 D | Am ‖

Thorn In My Side

Words & Music by Annie Lennox & David A. Stewart

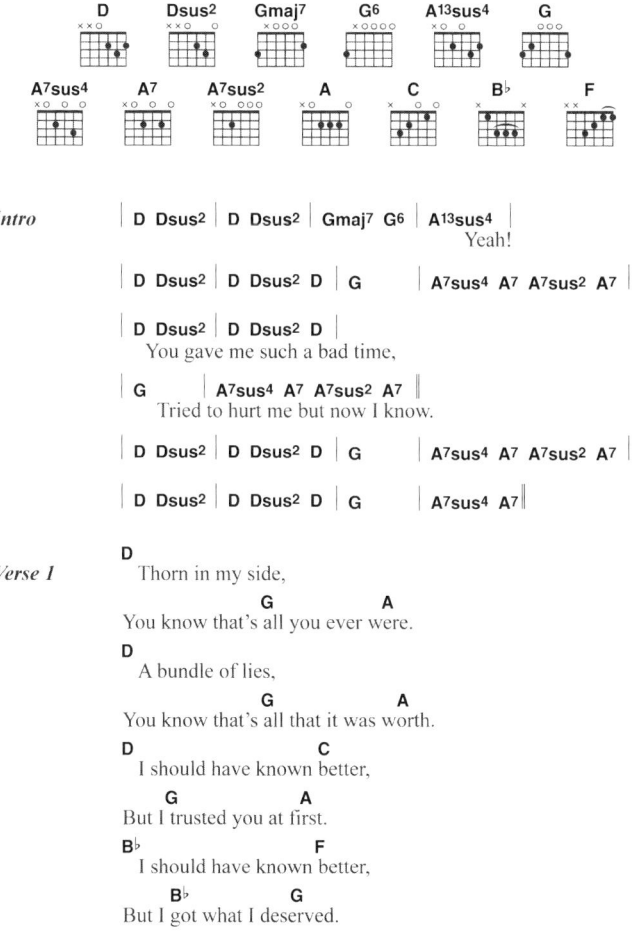

Intro | D Dsus² | D Dsus² | Gmaj⁷ G⁶ | A¹³sus⁴ |
                                                                                Yeah!

| D Dsus² | D Dsus² D | G | A⁷sus⁴ A⁷ A⁷sus² A⁷ |

| D Dsus² | D Dsus² D |
      You gave me such a bad time,

| G | A⁷sus⁴ A⁷ A⁷sus² A⁷ ||
  Tried to hurt me but now I know.

| D Dsus² | D Dsus² D | G | A⁷sus⁴ A⁷ A⁷sus² A⁷ |

| D Dsus² | D Dsus² D | G | A⁷sus⁴ A⁷ ||

Verse 1
    D
      Thorn in my side,
              G   A
You know that's all you ever were.
D
  A bundle of lies,
                  G   A
You know that's all that it was worth.
D   C
  I should have known better,
    G   A
But I trusted you at first.
B♭   F
  I should have known better,
    B♭   G
But I got what I deserved.

© Copyright 1986 D'N'A Limited.
Universal Music Publishing MGB Limited.
All Rights in Germany Administered by Musik Edition Discoton GmbH
(A Division of Universal Music Publishing Group).
All Rights Reserved. International Copyright Secured.

	G
Prechorus 1	A-whoa, a-whoa, a-whoa, a-whoa.

(A-whoa, a-whoa, a-whoa, a-whoa.)

A-whoa, a-whoa, a-whoa, a-whoa.

                C F   C
Chorus 1   To run away from you,

(So run, run, run, run.)
G   C
Was all that I could do.

(Run, run, run, run.)
F   C
To run away from you,

(So run, run, run, run.)
G   C
Was all that I could do.

(Run, run, run, run.)
F   C
To run away from you,

(So run, run, run, run.)
G   C
Was all that I could do.

(Run, run, run, run.)
F   C
To run away from you

(So run, run, run, run.)
A   D
Was all that I could do.

Link 1 | (D) Dsus² | D Dsus² D | G | A⁷sus⁴ A⁷ A⁷sus² A⁷ |

           | D Dsus² | D Dsus² D | G | A⁷sus⁴ A⁷ A⁷sus² A⁷ |

Verse 2
      D
    Thorn in my side,
             G   **A**
You know that's all you'll ever be.
 D
So don't think you know better,
      G   **A**
'Cause that's what you mean to me.
D   **C**
  I was feeling complicated,
G   **A**
  I was feeling low.
B♭   **F**
  Now everytime I think of you,
 B♭   **G**
I shiver to the bone.

Prechorus 2   As Prechorus 1

Chorus 2
C **F**   **C**
  To run away from you

(Run, run, run, run.)
 G   **C**
Was all that I could do.

(Run, run, run, run.)
 F   **C**
To run away from you

(So run, run, run, run.)

Instrumental | **A** | **B♭** | **F** | **B♭** | **F** |
                    | **B♭** | **F** | **B♭** | **G** | **G** ||

Bridge
   ‖: **C**   **F C**   **G**
    (Run, run, run, run. Run, run, run, run.) :‖
   ‖: **C**   **F C**   **G**
    (So run, run, run, run. Run, run, run, run.) :‖

Chorus 3
  C
(So run, run, run, run.)
  ‖: **F**   **C**
    To run away from you (Run, run, run, run.)
 G   **C**
Was all that I could do. (So run, run, run, run.) :‖ *Repeat to fade*

Take My Breath Away

Words by Tom Whitlock
Music by Giorgio Moroder

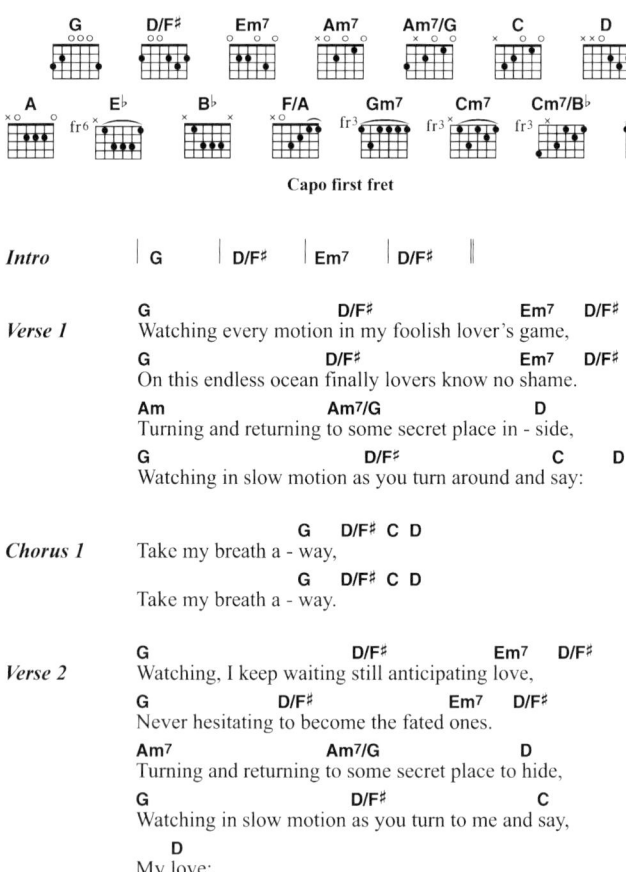

Capo first fret

Intro | G | D/F♯ | Em7 | D/F♯ ||

Verse 1
```
            G              D/F♯           Em7    D/F♯
Watching every motion in my foolish lover's game,
            G            D/F♯             Em7    D/F♯
On this endless ocean finally lovers know no shame.
Am                Am7/G                      D
Turning and returning to some secret place in - side,
G                   D/F♯              C      D
Watching in slow motion as you turn around and say:
```

Chorus 1
```
                       G    D/F♯ C D
Take my breath a - way,
                       G    D/F♯ C D
Take my breath a - way.
```

Verse 2
```
           G                D/F♯         Em7    D/F♯
Watching, I keep waiting still anticipating love,
         G          D/F♯            Em7    D/F♯
Never hesitating to become the fated ones.
Am7               Am7/G                     D
Turning and returning to some secret place to hide,
G                   D/F♯             C
Watching in slow motion as you turn to me and say,
D
My love:
```

© 1986 Warner/Chappell Music North America (50%)/
Sony/ATV Harmony (UK) Limited (50%).
All Rights Reserved. International Copyright Secured.

Chorus 2	**D** **G** **D/F♯** **Em7 D/F♯** **G** Take my breath a - way...

Bridge 1
```
          A                   D/F♯         C                      D
         Through the hourglass I saw you, in time you slipped a - way,
          A                   D/F♯            C                    G
         When the mirror crashed I called you, and turned to hear you say:
                      A           D
         If only for to - day, I am un - afraid.
```

Chorus 3
```
                        G    D/F♯  Em7 D/F♯
         Take my breath a - way,
                        G    D/F♯  Em7 E♭
         Take my breath a - way.
```

Verse 3
```
         B♭              F/A                     Gm7    F/A
         Watching every motion in this foolish lover's game,
         B♭              F/A                       Gm7    F/A
         Haunted by the notion somewhere there's a love in flames.
         Cm7             Cm7/B♭
         Turning and returning to some secret place in - side,
         B♭              F/A               E♭      F
         Watching in slow motion as you turn my way and say:
```

Chorus 4
```
                        B♭   F/A E♭
         Take my breath a - way,
           F                  B♭    F/A E♭
         My love, take my breath a - way,
           F           B♭          F/A       E♭  F
         My love, take my breath away, my love.
```

To fade

This Ole House

Words & Music by Stuart Hamblen

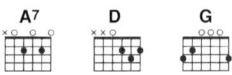

Intro | A7 | A7 | A7 | D ||

Verse 1
       D
This ole house once knew his children,
       G
This ole house once knew his wife,
       A7
This ole house was home and comfort,
   D   G   D
As they fought the storms of life.

This ole house once rang with laughter,
       G
This ole house heard many shouts,
       A7
Now he trembles in the darkness,
                 D
When the lightning walks about.

Chorus 1
       G
Ain't a-gonna need this house no longer,
       D
Ain't a-gonna need this house no more,
       A7
Ain't got time to fix the shingles,
      D
Ain't got time to fix the floor.
      G
Ain't got time to oil the hinges,
   D
Nor to mend no windowpanes,
      A7
Ain't a-gonna need this house no longer,
                D
He's a-getting ready to meet his fate.

© Copyright 1954 Hamblen Music Company, USA.
Universal/MCA Music Limited.
All rights in Germany administered by Universal/MCA Music Publ. GmbH.
All Rights Reserved. International Copyright Secured.

Verse 2   **D**
This ole house is a-getting shaky,
       G
This ole house is a-getting old,
      A7
This ole house lets in the rain,
      D   **G**   **D**
This ole house lets in the cold.

Oh, his knees are a-getting chilly,
  G
But he feels no fear nor pain,
        A7
'Cause he seeks a new tomorrow,
                  D
Through a golden windowpane.

Chorus 2   As Chorus 1

Verse 3   **D**
This ole house is afraid of thunder,
   G
This ole house is afraid of storms,
      A7
This ole house just groans and trembles,
     D   **G**   **D**
When the night wind flings its arms.

This ole house is a-getting feeble,
  G
This ole house is a-needing paint,
  A7
Just like him it's tuckered out.
                      D
He's a-getting ready to meet his fate.

Chorus 3   As Chorus 1

Thriller

Words & Music by Rod Temperton

Intro | C#9 | C#9 | F#m7/C# | F#m7/C# | F#/C# | C#dim | C#dim |
| C#m E | E F# C#m7 | C#m7 | C#m7 | C#m7 | C#m7 |
| (C#m7) | (C#m7) | (C#m7) | (C#m7) ‖

Verse 1

F#/C#
   It's close to midnight and,

C#m7
Something evil's a-lurking in the dark,

F#/C#
   Under the moonlight,

C#m7
You see a sight that almost stops your heart.

F#/C#
You try to scream but terror takes,

C#m7
The sound before you make it.

F#/C#
You start to freeze as horror looks,

F#m9/C#
You right between the eyes,

B
You're paralysed...

© Copyright 1982 Rodsongs, USA.
Chrysalis Music Limited.
All Rights Reserved. International Copyright Secured.

	C♯m7
Chorus 1	'Cause this is thriller, thriller night,

              F♯/C♯
And no one's gonna save you,
              F♯m7/C♯
From the beast about to strike.
              C♯m7
You know it's thriller, thriller night,
              F♯/C♯
You're fighting for your life inside a,
A N.C. F♯ N.C. B13
   Killer,   thriller to - (night, _____ yeah.)

Link 1 | C♯m7 | C♯m7 | C♯m7 | C♯m7 ||
              - night, _____ yeah.

Verse 2
F♯/C♯
   You hear the door slam,
      C♯m7
And realise there's nowhere left to run.
F♯/C♯
  You feel the cold hand,
    C♯m7
And wonder if you'll ever see the sun.
        F♯/C♯
You close your eyes,
                C♯m7
And hope that this is just imagination, girl,
      F♯/C♯
But all the while you hear,
            F♯m9/C♯
The creature creeping up behind.
      B
You're out of time...

Chorus 2
         C♯m7
'Cause this is thriller, thriller night,
   F♯/C♯
There ain't no second chance,
   F♯m7/C♯
Against the thing with forty eyes, girl.
C♯m7
Thriller, thriller night,
   F♯/C♯
You're fighting for your life inside a,
A N.C. F♯ N.C. B13 C♯m7
   Killer,   thriller to - night. _____

Bridge 1

    F#sus4   F#
Night creatures call,
      F#sus4   F#   E Asus2   B
And the dead start to walk in   their masquerade.
C#m   C#m7   C#m/A#
There's no escaping the jaws of the alien this time,
           Amaj7
(They're open wide),
               G#sus4 G#
This is the end of your life. _____

Verse 3

F#/C#
They're out to get you,
    C#m7
There's demons closing in on every side.
F#/C#
They will possess you,
  C#m7
Unless you change that number on your dial.
        F#/C#   C#m7
Now is the time for you and I to cuddle close together.
          F#/C#   F#m9/C#
All through the night I'll save you from the terror on the screen,
    B
I'll make you see...

Chorus 3

        C#m7
That this is thriller, thriller night,
   F#/C#   F#m7/C#
'Cause I can thrill you more than any ghost would ever dare try.
C#m7
Thriller, thriller night,
  F#/C#
So let me hold you tight and share,
  A N.C. F# N.C. B13 N.C. D#
A   killer,   diller,   chiller,
N.C.   Dmaj7 B13
Thriller here tonight.

Chorus 4

        C#m7
That this is thriller, thriller night,
  F#/C#   F#m7/C#
Girl, I can thrill you more than any ghost would ever dare try.
C#m7
Thriller, thriller night,
  F#/C#   A   F#
So let me hold you tight and share a   killer   thriller.

Link 2 | C♯m7 | C♯m7 | C♯m7 | C♯m7 ‖

Outro
(Spoken)

    C♯m   A/C♯
    Darkness falls across the land,
F♯sus4   F♯
    The midnight hour is close at hand.
C♯m   A/C♯
    Creatures crawl in search of blood,
F♯sus4   F♯
    To terrorise y'all's neighborhood.
C♯m   A/C♯
    And whosoever shall be found,
            F♯sus4   F♯
Without the soul for getting down,
                C♯m   A/C♯
Must stand and face the hounds of hell,
      F♯sus4   F♯
And rot   inside a corpse's shell.

‖: C♯m7 | A/C♯ | F♯sus4 | F♯ :‖
With vocal ad lib.

C♯m A/C♯   F♯sus4
          The foulest stench is in the air,
  F♯   C♯m
The funk of forty thousand years,
          A/C♯
And grizzly ghouls from every tomb,
F♯sus4   F♯
    Are closing in to seal your doom.
C♯m   A/C♯
    And though you fight to stay alive,
F♯sus4   F♯
    Your body starts to shiver,
    C♯m   A/C♯
For no mere mortal can resist,
     F♯sus4 F♯   C♯m
The evil   of the thriller.

Time After Time

Words & Music by Cyndi Lauper & Robert Hyman

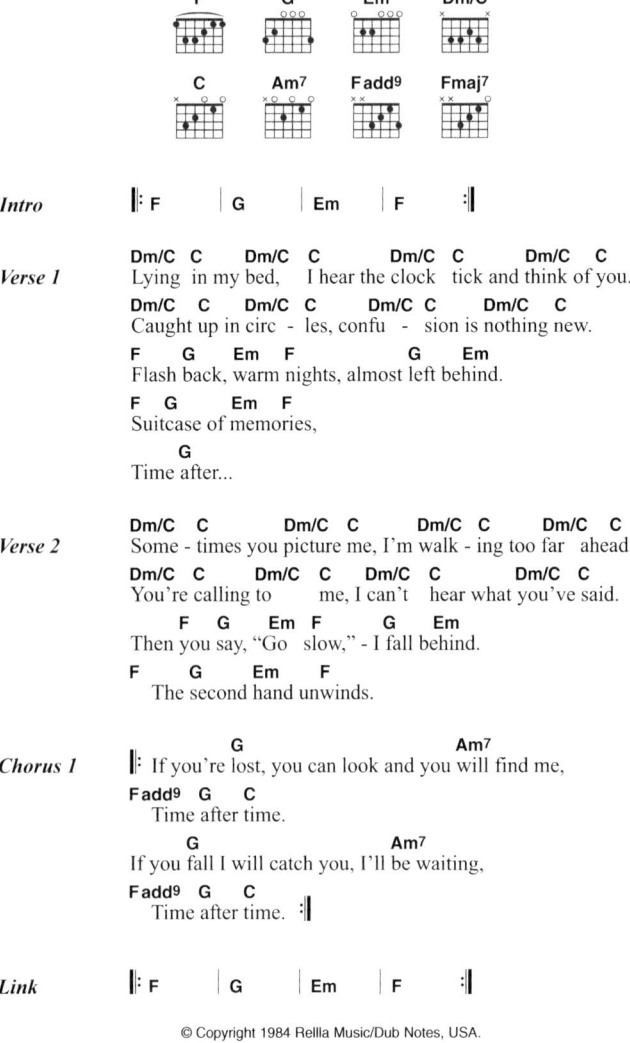

| Intro | ‖: F | G | Em | F :‖ |

Verse 1
```
        Dm/C   C    Dm/C   C      Dm/C   C     Dm/C    C
        Lying  in my bed,     I hear the clock  tick and think of you.
        Dm/C   C    Dm/C   C      Dm/C   C     Dm/C    C
        Caught up in circ - les, confu - sion is nothing new.
        F     G    Em    F            G       Em
        Flash back, warm nights, almost left behind.
        F     G    Em    F
        Suitcase of memories,
              G
        Time after...
```

Verse 2
```
        Dm/C   C      Dm/C   C       Dm/C   C      Dm/C   C
        Some - times you picture me, I'm walk - ing too far  ahead.
        Dm/C   C    Dm/C   C     Dm/C   C      Dm/C   C
        You're calling to    me, I can't   hear what you've said.
        F   G    Em   F         G    Em
        Then you say, "Go  slow," - I fall behind.
        F    G    Em    F
        The second hand unwinds.
```

Chorus 1
```
                G                             Am7
        ‖: If you're lost, you can look and you will find me,
        Fadd9  G    C
          Time after time.
              G                        Am7
        If you fall I will catch you, I'll be waiting,
        Fadd9  G    C
          Time after time. :‖
```

| Link | ‖: F | G | Em | F :‖ |

© Copyright 1984 Rellla Music/Dub Notes, USA.
Warner/Chappell Music Limited (50%)/
Sony/ATV Music Publishing (UK) Limited (50%).
All Rights Reserved. International Copyright Secured.

Verse 3

Dm/C	C	Dm/C	C	Dm/C	C	Dm/C	C

Af - ter my picture fades and dark - ness has turned to grey,

Dm/C	C	Dm/C	C	Dm/C	C	Dm/C	C

Watch - ing through win - dows, you're wondering if I'm ok - ay.

F G Em F G Em
Secrets stol - en from deep inside,

F G Em F
   The drum beats out of time.

Chorus 2   As Chorus 1 (no repeat)

Instrumental   ‖: G | Am7 | Fadd9 G | C :‖

Verse 4
F G Em F G Em
You say, "Go slow," - I fall behind.

F G Em F
   The second hand unwinds.

Chorus 3   As Chorus 1 (with repeat)

Outro   ‖: Fadd9 G C :‖ *Repeat to fade*
      Time after time.

Town Called Malice

Words & Music by Paul Weller

Chords: D, Dsus4, G/D, F#m, Em, G, A, C#m, Cm, Bm

Intro | D | D Dsus4 D | D | D Dsus4 D |
| D | D G/D D | D | D G/D D ||

Verse 1
       F#m
Better stop dreaming of the quiet life,
             Em
'Cause it's the one we'll never know,
F#m
  Quit running for that runaway bus,
       Em
'Cause those rosy days are few, well.
G   F#m
  Stop apologising for things you never done.
     A
Time is short, life is cruel,

But it's up to us to change,
         D
A town called Malice.

Link 1 | D Dsus4 D | D | D Dsus4 D |
| D | D G/D D | D | D G/D D ||

© Copyright 1982 Stylist Music Limited.
Universal Music Publishing MGB Limited.
All Rights in Germany Administered by Musik Edition Discoton GmbH
(A Division of Universal Music Publishing Group).
All Rights Reserved. International Copyright Secured.

Verse 2

F♯m
Rows and rows of disused milk floats,
Em
Stand dying in the dairy yard.
F♯m
And a hundred lonely housewives,
Em
Clutch empty milk bottles to their hearts.
G
  Hanging out their old love letters,
F♯m
On the line to dry.
  A
It's enough to make you stop believing,

But tears come fast and furious,
         D
In a town called Malice.

Link 2 | D   Dsus4 D | D | D   Dsus4 D |

            | D | D G/D D | D | D G/D D ||

Verse 3

F♯m
Ba ba ba ba ba da ba,
Em
Ba ba ba da ba, woah!
F♯m
  Ba ba ba ba ba da ba,
Em
Ba ba ba da ba.
G
  Struggle after struggle,
F♯m
  Year after year.
  A
The atmosphere's a fine blend of ice,

I'm almost stone cold dead,
        D   Dsus4 D
A town called Malice,   oo, __ oo, yeah.

Link 3 | D   Dsus4 D | D |

            | D G/D D | D | D G/D D ||

Bridge

C#m
A whole street's belief,

Cm Bm
In   Sunday's roast beef,

Cm C#m   Cm Bm
Gets dashed against the   Co-op.

         A
To either cut down on beer,

Or the kids new gear,

                                  D
It's a big decision in a town called Malice.

Dsus4 D | D   Dsus4 D |
  Oo, __ oo, yeah.

||: (D) | (D) | (D)   :||
(Finger clicks)
Ooh, __ oo.

Verse 4

F#m
  The ghost of a steam train,

Em
Echoes down my track.

F#m
  It's at the moment bound for nowhere,

Em
Just going round and round.

G
  Playground kids and creaking swings,

F#m
  Lost laughter in the breeze.

A
I could go on for hours,

And I probably will,

But I'd sooner put some joy back,

                   D   Dsus4 D Dsus4 D
In this town called Malice,   yeah.

||:   Dsus4 D   Dsus4   D   :|| *Repeat to fade*
  Ooh. ___

True

Words & Music by Gary Kemp

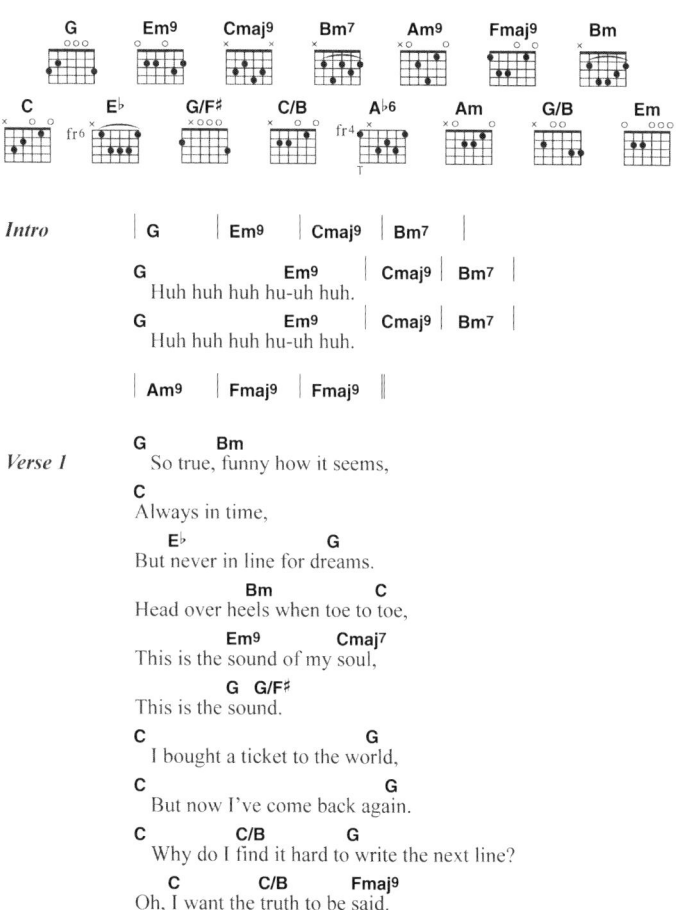

Intro | G | Em9 | Cmaj9 | Bm7 |

G   Em9   Cmaj9 Bm7
Huh huh huh hu-uh huh.
G   Em9   Cmaj9 Bm7
Huh huh huh hu-uh huh.

| Am9 | Fmaj9 | Fmaj9 ||

Verse 1
G   Bm
So true, funny how it seems,
C
Always in time,
    E♭   G
But never in line for dreams.
            Bm   C
Head over heels when toe to toe,
            Em9   Cmaj7
This is the sound of my soul,
          G   G/F♯
This is the sound.
C   G
 I bought a ticket to the world,
C   G
 But now I've come back again.
C   C/B   G
Why do I find it hard to write the next line?
    C   C/B   Fmaj9
Oh, I want the truth to be said.

© Copyright 1983 Reformation Publishing Company Limited.
All Rights Reserved. International Copyright Secured.

Chorus 1
```
       G                  Em9
    Huh huh huh hu-uh huh,
   Cmaj9    Bm7
I know this much is true.
   G                  Em9
    Huh huh huh hu-uh huh,
   Cmaj9    Bm7    Am9    Fmaj9
I know this much is true.
```

Verse 2
```
   G                    Bm
    With a thrill in my head,
                  C
And a pill on my tongue,
              Eb                    G
Dissolve the nerves that have just begun.
          Bm                   C
Listening to Marvin (all night long),
               Em9           Cmaj7
This is the sound of my soul,
                G   G/F#
This is the sound.
 C                          G
   Always slipping from my hands,
 C                   G
   Sand's a time of its own.
 C          C/B          G
   Take your seaside arms and write the next line,
   C        C/B     Fmaj9
Oh, I want the truth to be known.
```

Chorus 2   As Chorus 1

Instrumental   ‖: Eb | Ab6 | Eb | Ab6 :‖ *Play 3 times*

   | Eb | Ab6 | G | G |

Verse 3

    C   C/B   G
  I bought a ticket to the world

C   G Am G/B
  But now I've come back again.

C   C/B   G
  Why do I find it hard to write the next line?

   C   C/B   Fmaj9
Oh, I want the truth to be said.

Chorus 3

G   Em9
  Huh huh huh hu-uh huh,

Cmaj9   Bm7
I know this much is true.

G   Em9
  Huh huh huh hu-uh huh,

Cmaj9   Bm7   Am9
I know this much is true.

| (Am9) | Em9 Em | Am9 | Em9 Em |

    Am9   Fmaj9
This much is true.

Outro

G
  This much is true.

Em9   Cmaj9
  This much is true.

Bm7
I know, I know, I know this much is true.

  G
𝄆 This much is true.

Em9
  This much is true.

| Cmaj9 | Bm7 𝄇   *Repeat to fade w/ad lib vocals*

We Care A Lot

Words & Music by Mike Bordin, Roddy Bottum, Bill Gould & Charles Mosley

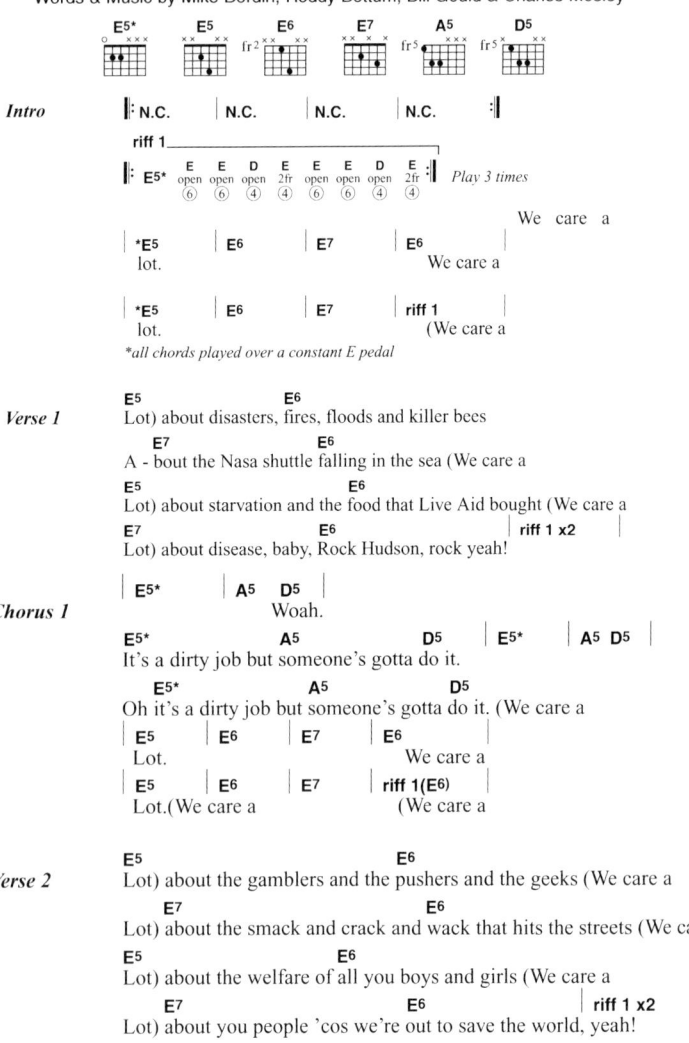

Intro ‖: N.C. | N.C. | N.C. | N.C. :‖

riff 1
‖: E5* E open ⑥ E open ⑥ D open ④ E 2fr ④ E open ⑥ E open ⑥ D open ④ E 2fr ④ :‖ *Play 3 times*

| | | | | We care a |
| *E5* lot. | E6 | E7 | E6 We care a | |

| *E5* lot. | E6 | E7 | riff 1 (We care a |

all chords played over a constant E pedal

Verse 1
E5   E6
Lot) about disasters, fires, floods and killer bees
 E7   E6
A - bout the Nasa shuttle falling in the sea (We care a
E5   E6
Lot) about starvation and the food that Live Aid bought (We care a
E7   E6 | riff 1 x2
Lot) about disease, baby, Rock Hudson, rock yeah!

Chorus 1
| E5* | A5   D5 |
              Woah.
E5*   A5   D5 | E5*   A5 D5 |
It's a dirty job but someone's gotta do it.
 E5*   A5   D5
Oh it's a dirty job but someone's gotta do it. (We care a
| E5 | E6 | E7 | E6 |
Lot.   We care a
| E5 | E6 | E7 | riff 1(E6) |
Lot.(We care a   (We care a

Verse 2
E5   E6
Lot) about the gamblers and the pushers and the geeks (We care a
 E7   E6
Lot) about the smack and crack and wack that hits the streets (We care
E5   E6
Lot) about the welfare of all you boys and girls (We care a
 E7   E6 | riff 1 x2 |
Lot) about you people 'cos we're out to save the world, yeah!

© Copyright 1987 Rondor Music (London) Limited.
All rights in Germany administered by Rondor Musikverlag GmbH.
All Rights Reserved. International Copyright Secured.

Chorus 2

||: E5*   A5   D5
Oh it's a dirty job but someone's gotta do it,
E5*   A5   D5
Oh it's a dirty job but someone's gotta do it,
E5*   A5   D5
Said it's a dirty job but someone's gotta do it,
E5*   A5   D5
Oh it's a dirty job but someone's gotta do it. :||

(2° only) (We care a

Verse 3

        N.C.
Lot) about the Army, Navy, Air Force and Marines, (We care a

Lot) about the NY, SF and LAPD (We care a

Lot) about you people, (We care a

Lot) about your guns, (We care a

Lot) about the wars we're fighting, gee that looks like fun. (We care a
E5   E6
Lot) about the Garbage Pail Kids, they never lie (We care a
E5   E6
Lot) about Transformers, 'cos there's more than meets the eyes (We care a
E5   E6
Lot) about the little things, the bigger days, we top (We care a
E7   E6 | riff 1 x2
Lot) about you people, yeah, you bet we care a lot.

Chorus 3

| E5* | A5 D5 | E5* | A5 D5 |
               Wooh.
| E5* | A5 D5 | E5* | A5 D5 |

| E5* | A5 D5 ||
               Wooh.

||: E5*   A5*   D5
Said it's a dirty job but someone's gotta do it,
E5*   A5*   D5
Said it's a dirty job but someone's gotta do it... :|| *Play 3 times*

(2° only) Wooh.
E5*   A5   D5
And it's a dirty song but someone's gotta sing it.

| riff 1 x2 | E5* | ||

(You Gotta) Fight For Your Right (To Party!)

Words & Music by Rick Rubin, Adam Yauch & Adam Horovitz

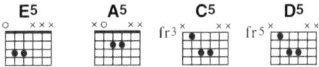

Tune guitar down a semitone

Intro	E5 A5 Yeah! Kick it!

A5 C5 D5   *Play 7 times*

A5 C5 E5

Verse 1
          A5   A5 C5 D5 A5 C5 D5
You wake up late for school man you don't wanna go,
        A5   A5 C5 D5 A5 C5 D5
You ask your mum please but she still says no.
        A5   A5 C5 D5 A5 C5 D5
You missed two classes have no homework,
            A5   A5 C5 D5 A5
'Cause your teacher preaches class like he's some kind of jerk.

Chorus 1
                  D5   D5
You gotta fight   for your right   to party.

A5 C5 D5   *Play 3 times*

A5 C5 E5

Verse 2	**A⁵** **A⁵ C⁵ D⁵ A⁵ C⁵ D⁵** Your pop caught you smoking and he said no way, **A⁵** **A⁵ C⁵ D⁵ A⁵ C⁵ D⁵** That hypocrite smokes two packs a day. **A⁵** **A⁵ C⁵ D⁵ A⁵ C⁵ D⁵** Man, living at home is such a drag, **A⁵** **A⁵ C⁵ D⁵ A⁵** Now, your mum threw away your best porno mag.
Chorus 2	**D⁵** **D⁵** You gotta fight for your right to party **A⁵ C⁵ D⁵** *Play 4 times*
Link 1	| E | E | E | E | You gotta fight!
Verse 3	**A⁵** Get out of this house if that's the clothes you're **A⁵ C⁵ D⁵ A⁵ C⁵ D⁵** gonna wear, **A⁵** **A⁵ C⁵ D⁵ A⁵ C⁵ D⁵** I'll kick you out of my home if you don't cut that hair. **A⁵** **A⁵ C⁵ D⁵ A⁵ C⁵ D⁵** Your mom bust in and said "What's that noise?" **A⁵** **A⁵ C⁵ D⁵ A⁵** Oh, mom you're just jealous it's the Beastie Boys.
Chorus 3	**D⁵** **D⁵** You gotta fight for your right to party. **A⁵ C⁵ D⁵** *Play 4 times* **D⁵** **D⁵** You gotta fight for your right to party. **A⁵ C⁵ D⁵** *Play 4 times*
Link 2	| E | E | E | E |
Outro	**A⁵ C⁵ D⁵** Party! Party! *Play 7 times* **A⁵ C⁵ E⁵ A⁵**

Walk Like An Egyptian

Words & Music by Liam Sternberg

B   E   Broot   D   E9   Bm

Intro | *Drums* 4 ||
||: B | B | B | B :||

Verse 1

B
All the old paintings on the tombs,

They do the sand dance don't you know,

If they move too quick (oh whey oh)

They're falling down like a domino.

All the bazaar men by the Nile,

They got the money on a bet,

Gold crocodiles (oh whey oh),

They snap their teeth on your cigarette.

Chorus 1

E
Foreign types with the hookah pipes say,

Whey oh whey oh, ooh whey oh whey oh.

Broot
Walk like an Egyptian.

Link ||: B | B | B | B :||

© Copyright 1985 Peer International Corporation, USA.
Peermusic (UK) Limited.
All Rights Reserved. International Copyright Secured.

Verse 2   B
　　　　　　　　The blonde waitresses take their trays,

　　　　　　　　They spin around and they cross the floor,

　　　　　　　　They've got the moves (o-oh whey oh),

　　　　　　　　You drop your drink then they bring you more.

　　　　　　　　All the school kids so sick of books,

　　　　　　　　They like the punk and the metal band.

　　　　　　　　When the buzzer rings (oh whey oh),

　　　　　　　　They're walking like an Egyptian.

Chorus 2   E
　　　　　　　　All the kids in the marketplace say.

　　　　　　　　Whey oh whey oh, ooh whey oh whey oh.
　　　　　　　　Broot
　　　　　　　　Walk like an Egyptian.

Instrumental ‖: D | D | D | D |

　　　　　　　　| B | B | B | B :‖

　　　　　　　　‖: D | D | D | D :‖

　　　　　　　　‖: Broot | Broot | Broot | Broot :‖

Verse 3

N.C (drums only)
Slide your feet up the street bend your back,

Shift your arm then you pull it back,

Life is hard you know (oh whey oh),

So strike a pose on a Cadillac.
B
  If you want to find all the cops,

They're hanging out in the donut shop,

They sing and dance (oh whey oh),

They spin the club cruise down the block.

All the Japanese with their yen,

The party boys call the Kremlin,

And the Chinese know (oh whey oh),

They walk the line like Egyptian.

Chorus 3

E9
  All the cops in the donut shop say,

Whey oh whey oh, ooh whey oh whey oh.
Broot
  Walk like an Egyptian,

Walk like an Egyptian.

Outro   ‖: B | Bm | B | Bm :‖ *Repeat to fade*

You Shook Me All Night Long

Words & Music by Angus Young, Malcolm Young & Brian Johnson

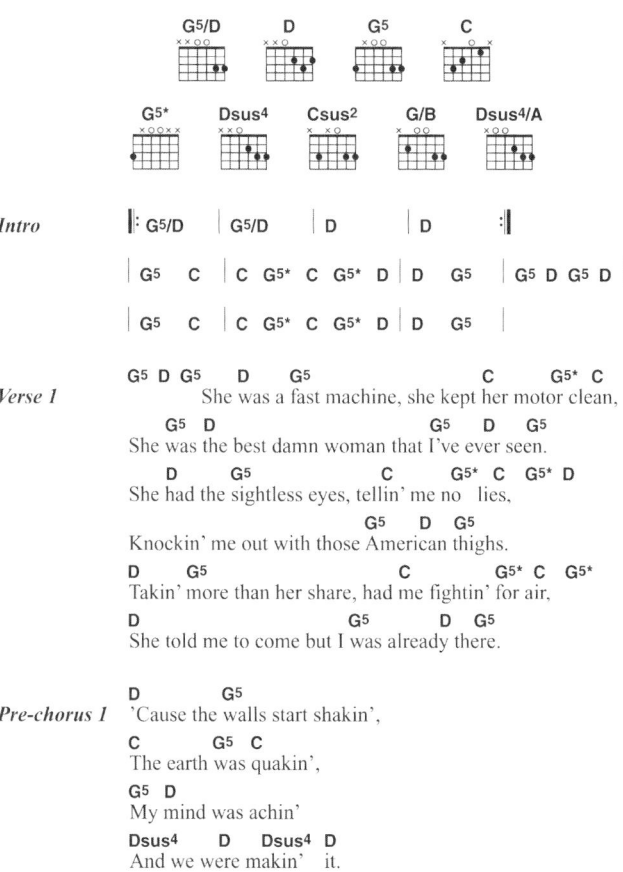

Intro ‖: G5/D | G5/D | D | D :‖

| G5 C | C G5* C G5* D | D G5 | G5 D G5 D |

| G5 C | C G5* C G5* D | D G5 |

Verse 1
```
         G5 D G5   D      G5                   C        G5* C
            She was a fast machine, she kept her motor clean,
         G5 D                        G5      D    G5
         She was the best damn woman that I've ever seen.
         D      G5              C       G5* C  G5* D
         She had the sightless eyes, tellin' me no  lies,
                                  G5   D   G5
         Knockin' me out with those American thighs.
         D       G5                  C         G5* C  G5*
         Takin' more than her share, had me fightin' for air,
         D                 G5         D   G5
         She told me to come but I was already there.
```

Pre-chorus 1
```
         D         G5
         'Cause the walls start shakin',
         C      G5  C
         The earth was quakin',
         G5  D
         My mind was achin'
         Dsus4   D   Dsus4   D
         And we were makin'  it.
```

Chorus 1	(D) G5 Csus2 G/B D Csus2 And you shook me all night long, G/B G5 Csus2 G/B D Csus2 Yeah, you shook me all night long.

Verse 2	G/B G5 C G5* C
	  Workin' double time on the seduction line,
	G5* D G5 D G5
	She was one of a kind, she's just mine, all mine.
	D G5 C G5 C G5
	Wanted no applause, just another cause,
	      D G5 D G5
	Made a meal outta me and came back for more.
	D G5 C G5* C
	Had to cool me down to take another round,
	G5* D G5 D G5
	Now I'm back in the ring to take another swing.

Pre-chorus 2	D G5 'Cause the walls were shakin', C G5* C The earth was quakin', G5 D My mind was achin' Dsus4 D Dsus4 D And we were makin' it.
Chorus 2	(D) G5 Csus2 G/B D Csus2 And you shook me all night long, G/B G5 Csus2 G/B D Yeah, you shook me all night long, Csus2 G/B And knocked me out, babe.

Chorus 3	G5 Csus2 G/B D
	You shook me all night long,
	Csus2 G/B
	  You had me shakin', baby,
	G5 Csus2 G/B D
	You shook me all night long,
	G5/D D
	  You shook me,
	Dsus4/A
	  Well, you took me.

Guitar solo | G5   Csus2 | Csus2 G/B G5 | G5   Csus2 | Csus2 G/B G5 |

‖: G5   Csus2 | Csus2 G/B D | D   Csus2 | Csus2 G/B   :‖

| G5   Csus2 | Csus2 G/B D |

| D   Csus2 | Csus2   G/B   ‖

                You really took me in.

Chorus 4
  G5   Csus2 G/B D   Csus2
You shook me all   night long,
  G/B   G5   Csus2 G/B D   Csus2
  Yeah, you shook me all   night long.

Chorus 5
  G/B   G5   Csus2 G/B   D
  Yeah, yeah, you shook me all _____ night long,
Csus2   G/B
  You really got me in.
G5   Csus2 G/B D   Csus2
You shook me all   night long,
         G/B   D
Yeah, you shook me,
Csus2   G/B   D
  Yeah, you shook me all night long.

Ha! Ha!

You Win Again

Words & Music by Barry Gibb, Maurice Gibb & Robin Gibb

Intro | Drums for 4 bars | D | D | Em | A ||

Verse 1
    D
I couldn't figure why,
            F#m
You couldn't give me what everybody needs,
Bm   **F#m**
  Shouldn't let you kick me when I'm down,
   Em7 **A**
My ba - by.
G/D
  Find out everybody knows that,
A/C#
You've been using me,
Em7
  I'm surprised you,
A
Let me stay around you.
D
  One day I'm gonna lift the cover,
  F#m
And look inside your heart,
Bm
  We gonna level before we go,
  Gm6
And tear this love apart.

	D
Chorus 1	There's no fight you can't fight,

        G   **A**   **D**
This battle of love with me,

You win again.
Bm   **Em7**   **A**
  So little time, we do nothing but compete.
      D
There's no life on earth,
 G   **A**   **D**
No other could see me through,

You win again.
Bm   **Em7**   **D/G**
  Some never try but if anybody can, we can.
A7sus4   **D**
  And I'll be, I'll be following you.

       C **G**   **D**
Link 1   Oh girl, oh girl.

       C **G**   **F♯m**
Bridge Oh baby, I'll shake you from now on,
             Bm   **F♯m**
I'm gonna break down your defenses one by one.
          Bm
I'm gonna hit you from all sides,
        E7
Lay your fortress open wide,
A   **G**   **F♯m7**   **A**
  Nobody stops this body from taking you.

            D
Verse 2 You'd better beware, I swear
         F♯m
I'm gonna be there one day when you fall.
 Bm
I ⎯ could never let you cast aside,
 Gm6
The greatest love of all.

Chorus 2 As Chorus 1

       C **G**
Link 2   Oh girl.

Chorus 3

E♭ B♭ E♭
        You win again,

Cm
  So little time,

     Fm7   **B♭**
We do nothing but compete.

       E♭
There's no life on earth,

  A♭   **B♭**   **E♭**
No other could see me through,

You win again.

Cm
  Some never try,

    Fm7   **E♭/A♭**
But if anybody can, we can.

B♭7sus4
  But I'll be, I'll be,

       E♭ **A♭**
Following you.

Outro

  B♭ **E♭**
‖:   You win again,

Cm
  So little time,

    Fm7   **B♭**
We do nothing but compete.

      E♭
There's no life on earth,

  A♭   **B♭**   **E♭**
No other could see me through,

You win again.

Cm
  Some never try,

   Fm7   **B♭**
But if anybody can, we can.

     E♭   **A♭**
There's no fight... :‖ *Repeat to fade*
                                     with vocal ad lib.